KB024059

베버의 프로테스탄트 윤리와 자본주의 정신

EBS [오늘 읽는 클래식]

베버의
프로테스탄트 윤리와 자본주의 정신

근대 자본주의 정신은 무엇인가

한국철학사상연구회 기획 | 조배준 지음

EBS BOOKS

서문

이 책은 20세기의 고전으로서 120여 년 전 출간된 막스 베버의 논쟁적인 저작 『프로테스탄트 윤리와 자본주의 정신』의 배경과 핵심 내용을 독자들에게 소개하는 데 일차적인 목적을 두고 있다. 나아가 오늘날의 현대 자본주의가 제기하는 물음에 응답하기 위해 지금 여기를 살아가는 독자들과 더불어 '보다 나은 세계'를 기다리며 우리 시대의 방식으로 더 깊이 생각해보기 위해 이 책은 기획되었다. 19세기 후반에서 20세기 초까지 살았던 베버는 21세기 전반을 살아가고 있는 우리에게 무슨 말을 건네며, 어떤 물음을 던질 수 있을까?

종교사회학을 창시한 것으로 평가받는 베버는 통합적이고 합리적인 근대 사회과학 연구방법론을 정립한 사람으로 평가받는다. 그는 자신이 지향하는 바를 주장하기 위해 먼저 주관적인 가치판단으로 제시되는 특정한 '이념형(ideal type)'이라는 틀을 통해 논증을 전개하지만, 그것의 인과관계를 증명할 때에는 주관성을 배제하고 가치중립적인 논증을 펼쳐야 한다는 방법론을 제시하여 후대에 큰 영향을 끼쳤다. 그래서 사회학에서 베버의 현재적 영향력은 당시 그도 존경했던 19세기 독일 철학의 거인들인 마르크스와 니체의 무게감에 비견되기도 한다. 또한 베버가 고대 그리스 지성의 정수를 광범위하게 드러낸 아리스토텔레스처럼 다방면에 걸친 지식의 체계를 망라한 것에 감히 미칠 수는 없겠지만, 자신의 고유한 문제의식에 따라 독창적 결과를 엄밀하게 도출한 사상가라는 점에서는 유사성을 찾을 수 있다.

원래 법학도로 출발한 베버는 그리 길지 않은 학문 여정에도 불구하고, 정치학·경제학·사회학·비교종교학·역사·철학 분야에 걸쳐 독자적인 학문 세계를 구축했다. 그런데 그의 사상적 지평은 그의 출신 배경과 집안 환경, 처음으로 통일된 국가로 발돋움하던 당시 독일의 사회 상황과 긴밀한 연관성을 갖고 있다. 19세기 후반 여러 유럽 강대국에 비해 낙후된 독일은 근대 자본주의 발전을 촉진하고 제국주의 국가로 나아가기 위해 급속한 산업화에 박차를 가하고 있었지만, 후진적인 정치 구조와 시민사회의 자유주의적 발전에 대한 억압으로 몸살을 앓고 있었기 때문이다. 그렇다면 베버의 연구 활동 전반, 특히

『프로테스탄트 윤리와 자본주의 정신』은 유럽과 미국을 중심으로 발전한 당시까지의 자본주의 사회의 기원에 대한 나름의 관점과 체계적 해명을 정리한 결과물로 우선 이해할 수 있다. 그런데 베버의 새로운 주장은 그의 예상보다 훨씬 더 격렬한 논쟁을 불러왔고, 다른 분야의 연구에도 큰 영향을 끼쳐왔다.

이런 점에서 베버의『프로테스탄트 윤리와 자본주의 정신』은 근대 자본주의를 이해하기 위해 필수적으로 읽어야 할 중요한 텍스트로 간주된다. 그렇지만 이 저작만이 그 주제에 대한 절대적 해석의 지위를 가진다고 결코 볼 수 없다는 점에서, 또한 누구에게나 비판적 독서를 촉발하는 '사유의 지렛대'로 쓰일 수 있다는 점에서 더 중요한 가치를 갖는다. 그런 점에서 베버의 이 저작은 명실상부한 현대의 고전이라고 부를 수 있다. 한편 베버와 전혀 다른 관점에서 일찍이 자본주의를 분석한 마르크스의『자본』과 마찬가지로, 제목을 모르는 사람은 없지만 완독한 사람은 거의 없는 고전이기도 하다. 베버가 1904~1905년에 걸쳐 집필한 두 편의 논문을 편집한『프로테스탄트 윤리와 자본주의 정신』은 자본주의의 형성과 작동 원리에 대한 새로운 설명을 제공하고, 자본주의의 활성화를 그것의 '정신적 뿌리'에서 찾고 있다.

이처럼 베버의 독특한 이해방식은 자본주의 안에서 작동하는 노동이라는 인식 대상에서 마르크스의 정치경제학적 분석과 확연히 구분된다. 마르크스는 자본(가)에 의한 노동(자)의 착취가 자본주의의 본질적 요소라고 설명했지만, 베버는 노동의 합리적 조직 방식이 핵심 특징이라고 주장했다. 베버에게 중요한 물음은 자본주의의 작동 방식에 대한 경제학적 원리가 무엇인가가 아니라, 근대 자본주의의 정신적 뿌리 즉 '문화적 가치의 근원에 무엇이 놓여져 있는가'라는 것이다. 후자가 근대 자본주의의 폭발적 성장의 동력을 해명하기 위해 더 핵심적인 탐구 과제라고 보기 때문이다. 그래서 그는 근대 자본주의의 특별함을 만든 문화적 원동력은 무엇인가를 해명하기 위해 새로운 윤리를 낳은 종교적 원천, 즉 금욕주의적 세속 생활과 '신성한 노동'이 어떻게 물질적 성취를 만들어낼 수 있었는지를 살펴본다. 여기서 '세속 생활'이라는 말은 종교 개혁 운동 이후 사회의 관습·제도·가치관·사상 등이 종교적 믿음과 분리되어야 한다는 이념인 세속주의(世俗主義, secularism)가 확산된 근대 사회의 특징을 가리킨다. 베버가 전제하는 '세속화된 유럽의 근대 사회'는 무엇보다 기독교로부터의 속박에서 벗어났음을 의미한다. 또한 청교도들이 추구하던 세속화는 특정 종파에 대한 국가 권력의 간섭이나 특권을 인정하지 않는다는 의미 외에도, 가톨릭 교회의 권위나 절대적 진리로부터 해방된 인간이 본래적으로 추구하는 자유로운 가치와 자연스러운 욕망을 긍정하는 '세상스러움'을 가리켰다. 결론적으로 '종교의 자유'를 주장한 칼뱅교에서 파생된 개신교 분파들, 특히 청교도 전통이 일상생활과 경제 활동에서 합리주의 문화를 형성했으며 소명으로서의 노동을 강조하는 직업 윤리를 통해 삶을 근면하게 재조직하는 일터의 체계화를 추구했다는 점을 분석한다. 물론 베버의 이런 주장은 100여 년 전부터 오늘날에 이르기까지 정면 반박을 받기도 했다. 예를 들면 영국의 경제사학자였던 리처드 토니는 1926년에 발표한 『기독교와 자본주의의 발흥』에서 유럽 북부의 '개신교 자본가'가 아닌 남부의 '가톨릭 금융가', 그리고 중세의 수도원 경제나 금융 서비스가 자본주의의 원천이라고 주장했다. 또한 오늘날에도 종교사회학자 로드니 스타크는 『우리는 종교개혁을 오해했다』에서 왜 근대 자본주의를 기독교 윤리로 분석해야 하는지 되물으며 개신교와 자본주의 사이의 필연적 인과관계를 부정한다.

그런데 그의 치밀하고 대담한 논증은 먼저 근대적 자유 사상의 기초를 계몽주의 전통이 아니라, 영국과 미국에서 전개된 청교도 전통에서 찾았다는 점에서 당대의 다른 학자들의 시각과 차별된다. 기독교적 양심을 지키고 종교의 자유를 찾아 떠난 신교도들이 생존과 독립 그리고 번영을 위해 벌인 역사적인 투쟁과 일상적인 삶의 조직화가 근대 자본주의 영역 안에서 인간의 기본권 개념을 확장하는 하나의 지렛대가 되었다는 것이다. 이런 점에 천착한 베버는 자유주의의 진정한 성취이자 근대 세계로 이행하는 데 결정적인 역할을 한 자본주의의 발전에 대한 이해방식에서도 그것의 정신적 토대, 이른바 '자본주의 정신'이 간과되었다고 진단했다. 그래서 이 저작은 시장경제에서 자본가들의 이윤 추구 동기나 기술적 혁신이 아니라, 프로테스탄트로 불리는 신교도들이 지향했던 가치 체계 및 문화적 기풍에서 파생된 '노동 윤리'에 바로 근대 자본주의의 문화적 핵심이 있다고 주장하고 있다. 이처럼 베버는 자본주의의 본질을 착취 체제가 아니라 건전한 소비 생활을 촉진하는 문화적 현상으로 파악했다는 점에서 그의 주장은 '예수 믿으면 부자 된다'는 단순한 논리와는 거리가 아주 멀다.

베버는 그 새로운 윤리적 가치의 핵심을 16~17세기 영국과 미국에서 활동했던 칼뱅주의, 감리교, 침례교 등의 개신교 교파들이 공통적으로 추구했던 종교적 원천을 구체적으로 분석하는 과정에서 발견한다. 그리고 그 종교적 윤리 기획의 내용이 자본주의의 문화적 기원과 어떤 연관성을 갖는지를 추가적으로 해명하려고 한다. 그래서 이 저작은 크게 두 부분으로 나누어 전개되는데, 제1부는 그 종교적 원천의 내용을 탐구하는 부분이다. 즉 신교도들의 종교 공동체가 '조직적 노동', '물질적 성공', '검소한 소비' 등의 규범적 삶의 원리를 통해 체계적으로 조직하려고 했다는 점에서 '자본주의 정신'의 뿌리를 찾을 수 있다는 것이다. 이어서 제2부의 관심은 그렇게 조직된 종교 공동체의 규범적 가치와 성취가 '자본주의 정신'을 만드는 데 중요한 역할을 했다는 점을 논증하는 것이다.

내세의 구원을 소망하며 현세를 엄격하게 살아가는 청교도의 윤리적 가치가 어떤 점에서 근대 자본주의 발달에 영향을 끼쳤는지를 해명한 베버의 주장은 무엇일까? 그것을 개신교 신앙이 없는 사람들에게도 전달되도록 아주 세속적인 규범이나 일상생활을 조직하는 원칙으로 정리해보자면 다음과 같이 요약할 수 있다. 첫째, 직업에서의 노동 활동은 그 자체로 가치 있는 것이기에 소명 의식을 갖고 성실하게 임해야 한다. 둘째, 돈 자체에 대해 집착하는 것이 아니라, 근면하고 정직한 노동으로 돈을 벌어 부를 축적하는 것을 인생의 중요한 목표로 삼을 수 있다. 셋째, 동요하는 감정에 따라 시간을 허비하지 말고 자투리 시간도 효율적으로 쓰기 위해 이성적으로 일정을 잘 계획하고 반드시 그것을 실천하는 생활 방식이 필요하다. 넷째, 근면한 노동을 방해하는 감각적 쾌락이나 유흥을 멀리하고 불필요한 휴식과 게으름을 물리쳐야 한다. 다섯째, 저축의 중요성을 인식하고 청빈하게 살아가려는 태도를 유지하며, 늘 검소하게 소비하고 절약하며 생활해야 한다.

독자들은 어떤 생각이 드는가? 평소 무계획적이고 나태한 자신의 모습이 부끄러워지며, 나도 이렇게 더 열심히 살아야겠다는 다짐을 하게 되는가? 아니면 이런 태도로 살다가는 곧 얼마 안 되어 지쳐 쓰러질 것 같고, 이 원칙이 유지된다 하더라도 그런 생활은 자신을 너무 옥죄어서 숨막히게 하거나 불행을 자초할 것 같은가? 물론 베버가 재구성한 프로테스탄트의 이러한 합리주의적 가치, 즉 가정과 일터의 체계적 조직화는 근대 자본주의 정신의 요체로 평가된 것이며 그의 논증 중 일부에 불과하다.

베버의 대표작인 이 저작의 영향력이 잘 알려져 있음에도 불구하고, 사람들이 어려움을 느끼는 큰 이유는 아마도 두꺼운 고전을 직접 읽어야 한다는 막연한 두려움 탓일 것이다. 그리고 막상 책을 집어들었더라도 난해한 분석이나 치밀하게 짜여진 논증 구조를 보면 웬만해선 집중력을 유지하며 따라가기가 힘든 데서도 그 이유를 찾을 수 있을 것이다. 번역서의 분량은 두툼한 단행본 한 권에 해당하지만, 눈에 띄는 것은 본문과 거의 같은 분량을 차지하는 상세한 주석이다. 학술적 탐구가 아니라면 일반 독자들은 본문만 읽어도 무방할 것이다. 이 책은 그런 어려움과 두려움을 가진 독자들이 직접 베버의 글을 읽어보기 전에 먼저 살펴보며 흥미를 돋우고 각자의 문제의식을 구체화하는 데 도움을 주면 좋겠다는 생각으로 집필되었다. 그런 필자의 계획이 어느 정도 달성될 수 있길 바라며, 함께 책 속으로 한 걸음씩 걸어 들어가보자.

이 책의 구성은 이 책이 속한 시리즈의 공통 형식을 따르고 있다. 1장에서는 막스 베버의 저작을 구체적으로 이해하기 위한 준비 과정으로서, 학자의 특성, 이 저작의 성립 및 영향 등에 대해 살펴본다. 2장에서는 주요 내용을 책의 구성에 따라 나누어 일정하게 요약된 흐름으로 살펴본다. 그런데 어디까지나 이 책은 『프로테스탄트 윤리와 자본주의 정신』을 직접 읽을 수 있도록 돕는 안내서나 입문용 수준으로 구성되어 있다. 그래서 근대 자본주의의 정신적 시초와 문화적 기원에 대한 베버의 생각과 직접 대화할 수 있기 위한 보조적 수단으로 간주해주길 바란다. 일부 독자들은 『프로테스탄트 윤리와 자본주의 정신』을 직접 읽으며 인상적인 행간마다 잠시 멈추어 생각하는 여유, 방대한 주석과 정밀한 분석을 향유하는 재미도 누려보시길 바란다. 인문 고전 독서의 주체는 언제나 독자 자신이며, 그 능동적 활동을 통해 시야의 넓이와 깊이를 키울 수 있는 사람도 사유하는 독자, 바로 당신이기 때문이다. 한편 책의 전반적 내용이나 뒷부분을 미리 소개하기 위해, 부득이하게 용어 및 개념에 대해 설명하지 않고 그것들을 먼저 활용하는 경우도 있다는 점을 미리 밝혀둔다. 또한 베버가 분석하는 종교는 신앙의 대상이 아니라 학술적 탐구 대상이므로 독자들은 종교적 편견을 염려하지 않고 이 책을 읽을 수 있다. 또한 문맥에 따라 '신'이라는 중립적 용어를 쓰지 않고, '하나님'이라는 신앙적 용어를 쓰는 것은 지금보다 종교적 영향력이 훨씬 강력했던 시대를 살았던 개신교 신자들의 입장에서 독자들의 이해를 돕기 위함이라는 점도 일러둔다. 120여 년 전 자본주의와는 여러 차원에서 달라졌지만 여전히 현대 자본주의 사회 안에서 '나는 왜 노동하는가'를 되물으며 오늘 하루도 치열하게 살아가는 독자들이 이 책을 통해 자본주의의 기원에 대한 색다른 이해, 현재에 대한 진단, 미래에 대한 전망을 얻을 수 있다면 필자로서는 더할 나위 없겠다. 그리고 그 모든 인식을 통해 기존에 자신이 갖고 있던 세계에 대한 사고방식을 비판적으로 돌아볼 수 있다면, 우리는 직접 만나지 않아도 독자 여러분들이 앉아 있는 그곳에서 함께 대화하고 있다고 믿는다.

2023년 겨울
조배준

차례

3장 철학의 이정표

일러두기

이 책에 실린 막스 베버의 『프로테스탄트 윤리와 자본주의 정신』의 인용문은 인터넷
에 공개되어 있는 Max Weber, *Die protestantische Ethik und der 'Geist' des Kapitalismus*
(1904~1905) 독일어 원문을 바탕에 두고 국내 여러 번역서를 참조하여 저자가 번역한 것
이다.

1장

종교사회학의 창시자, 막스 베버

부유한 개신교 가문 출신

계급적 토대와 종교적 영향

막스 베버(Max Weber)는 1864년 독일 튀링겐(Thüringen)의 주도인 에어푸르트(Eurfurt)의 풍요롭고 안정된 집안에서 태어나 주로 베를린에서 성장했다. 그는 1920년 56세의 나이로 세상을 떠날 때까지 법학, 경제학, 사회학, 역사학, 종교학 등을 넘나들며 사회과학 분야의 석학으로서 존경받는 학자의 삶을 살았다. 또한 지속적인 연구 활동으로 생애 대부분의 시간을 보냈으며, 오랜 투병 생활로 인해 사회 활동이 위축된 것을 제외하면 특별히 굴곡진 삶을 살지는 않았다. 그런데 어느 학자이든지 연구 주제와 방향은 그 사람의 성장 배경이나 삶의 경험과 분리하여 이해할 수 없다는 점에서, 베버의 어린 시절을 먼저 돌아볼 필요가 있다.

베버의 부모 및 가정환경, 인간관계와 경제적 상황 등은 그가 자본주의 사회를 바라볼 때 왜 물질적 요인보다 종교적이고 문화적인 요인에 집중했는지 이해하기 위한 단초를 제공한다. '막스 베버 1세'로 불리는 법률가 아버지와 어머니 헬레네 팔렌슈타인 사이에서 태어난 그는 8남매 중 장남이었다. 그의 아버지는 이후 고위 관료를 거쳐 정치인의 삶을 살았다. 물론 베버의 아버지가 출세를 향해 달릴 수 있었던 배경에는 부유한 집안 환경이 중요한 요소를 차지했다. 베버의 할아버지와 큰아버지는 기업을 경영하며 부를 축적했고, 그는 유복한 어린 시절과 대학 시절을 보낼 수 있었는데 특히 여행은 그의 부르주아적 취향을 풍부하게 만드는 자양분이었다. 19년 동안 대학 강의를 하지 못할 만큼 건강이 좋지 않았고 33세 되던 해 아버지가 돌아가셨지만, 베버가 연구 활동에 몰두할 수 있었던 것은 할아버지의 유산을 물려받아 경제적 어려움을 겪지 않았기 때문이었다. 한편 그의 외가도 독실하면서도 자유로운 개신교 신앙 생활을 중시하는 부유한 집안이었으며 몇 대에 걸쳐 학자와 사업가를 배출했다.

그런데 연구자로서 베버의 시각을 이해하기 위해서는, 이런 집안 환경 자체보다 어떻게 부를 축적한 집안이 될 수 있었는가에 대해 더 주목해야 한다. 유럽 사회에서 전통적으로 부의 축적은 가톨릭을 믿는 귀족 가문에서 대대로 내려오는 토지 재산에 기초하여 가능한 것이었다. 그런데 베버의 가계가 이룩한 재산은 타고난 신분이나 물려받은 자본에 의한 것이 아니라, 근면한 노동관과 합리적 기업 경영을 원칙으로 삼아 구축된 것이라는 점에 그 특징이 있다. 도시의 상공업에 종사하는 부르주아 계급은 초창기 자본주의 사회를 이끈 명실상부한 주역들 중 하나였다. 베버도 이처럼 성공한 시민 계급인 자신의 집안에 대한 자부심을 갖고 성장했다. 이후 그는 어린 시절의 집안 분위기를 돌아보며, 스스로를 시민 계급의 일원으로 인식하고 시민적 세계관과 이상을 마음에 품도록 교육받았다고 회고했다. 이처럼 베버는 기업 경영으로 자수성가한 시민 계급 정체성을 가진 부계와 신앙의 엄격한 원칙 안에서 자유분방한 기독교 공동체를 추구하는 외가의 영향을 강하게 받았다고 볼 수 있다.

이런 점에서 베버가 어떤 삶의 조건에서 근대 자본주의의

프로테스탄트(protestant)

프로테스탄티즘(protestantism, 독어 Protestantismus)으로도 불리며 16세기 종교개혁 운동으로 발생한 새로운 기독교(Christianity) 교파, 즉 개신교(改新敎)를 총칭한다. 원래 이 말은 1529년 당시 신성로마제국 종교회의에서 루터를 지지했던 소수에 불과한 영주들과 다수를 차지하는 가톨릭 영주들이 다수결을 통해 결의안(가톨릭 지역에서는 개신교 예배를 불허하지만, 개신교 지역에서는 가톨릭 예배를 허용한다는 결정)을 통과시켰는데, 이에 대해 소수파가 '저항(protest)'하겠다는 의사를 표현한 데서 유래했다. 하지만 당시 루터나 다른 개혁가들은 이 용어를 사용하지 않았고, 그가 선호한 말은 확언(確言) 또는 단언(斷言)이란 의미의 'assertion'이었다. 복음주의 성향을 가진 프로테스탄트는 성서의 권위와 가치를 높이고 누구나 성서를 읽고 해석하며 가르칠 수 있는 자유를 옹호했다. 이것은 교회와 신부에게 덜 의존하여 신도 각자가 성서를 통해 하나님 말씀에 자주적이고 개인적으로 응답하여 살아가는 훈련을 장려했다. 또한 이런 흐름은 신앙적 동지들의 자유로운 결사를 통해 새로운 분파의 형성과 분열을 촉진했다.

정신문화와 개신교의 직업 윤리에 대해 긍정적으로 평가했는지 부족하나마 이해할 수 있다. 전통적인 귀족은 대부분 가톨릭 신앙을 유지한 데 비해 신흥 계급으로 부상한 부르주아 시민은 주로 개신교, 즉 프로테스탄트였다. 베버의 외가에서 기독교 윤리를 강조한 사람은 그의 외할머니인데, 외할아버지의 두 번째 부인인 에밀리에 주샤이는 근면 성실한 태도가 주는 삶의 활력을 자식들에게 가르쳤다. 그녀의 셋째 딸이자 베버의 어머니인 헬레네는 그 집안 전통을 자식들에게 다시 전달했다. 베버의 어머니는 윤리적 판단 기준의 다양성 및 차이를 인정

공리주의(功利主義, utilitarianism)

18세기 후반부터 영국을 중심으로 발전한 윤리 사상으로 근대 시민사회를 대표하는 윤리적 기준을 제시하여 자본주의 사회 질서를 만드는 데 하나의 토대가 되었다. 최대 행복의 원리(Greatest Happiness Principle)를 주장하는 공리주의는 특정한 도덕 가치를 내세우지 않고 윤리적 판단의 근거를 유용성(utility), 즉 개인의 이익, 쾌락, 행복으로 삼았다. 쾌락은 선이자 정의이며 고통은 악이자 불의라고 생각한 제러미 벤담(1748~1832)은 이 효용성을 입법 및 도덕의 유일한 기준으로 제시했고, 각 개인들이 양으로 측정될 수 있는 최대한의 쾌락을 선호할 때 그것의 총합인 사회 전체의 유용성도 최대가 될 수 있다고 주장했다. 반면에 자본주의의 불평등과 모순이 심화된 시대를 살았던 존 스튜어트 밀(1806~1873)은 수량화되지 않는 질적 가치를 강조하며 '최대 다수의 최대 행복'으로 그 원리를 수정했다. 개인들 사이의 이해관계가 충돌할 때는 최대한 많은 사람들에게 최대한의 이익이 되는 선택이 도덕적으로 더 우월하다는 것이다. 그런데 밀의 이런 생각을 반영하자면, 이 용어를 일본식 한자어인 '공리'로 번역하는 것은 다소 부적절하다고 볼 수 있다. 사익에 대비되는 사회적 유용성을 지향한다는 의미가 잘 드러나지 않고 오해를 낳기 때문에 필자는 맥락에 따라 공익주의(公益主義)라는 번역어가 필요하다고 생각한다.

하고 사람마다 추구하는 가치의 독특성을 존중하고 서로를 관용적으로 대우해야 한다고 지도했다. 특히 그녀는 미국의 공리주의와 영국의 진보적 신학에 영향을 받았다. 도덕적 감수성이 풍부하고 정치적 올바름의 기준에 대해 예민한 어머니와 더불어, 베버에게 큰 영향을 준 친척은 이모인 이다와 이모부 바움가르텐이었다. 대학교수이며 자유주의자였던 이모부는 아주 보수적인 아버지와 전혀 달라서 베버의 정치 지향이 점차 개혁적인 성향으로 나아가는 데 영향을 주었다. 특히 대학 재학 중의 군 복무 기간 동안 베버는 슈트라스부르크대학교 역사학 교수였던 이모부의 강의를 청강하며 근대 자유주의의 관점을 흡수할 수 있었다.

한편, 베버는 10대 시절에 이미 히브리어로 구약 성경을 읽을 만큼 종교의 영향이 큰 환경에서 자라났다. 이모가 거주하던 슈트라스부르크에 종종 머물렀던 베버는 그녀에게 권유받은 미국 개신교 목사 채닝의 설교집을 시작으로 그가 쓴 여러 권의 신학 서적을 탐독했다. 이러한 종교적 토대는 성인이 된 이후 베버가 실제로 얼마나 깊은 신앙심을 갖고 종교 생활을 했는지와 별개로, 그의 학문 여정에서 보이는 '종교 윤리'에 관한 천착에서 지속적인 영향력을 발견하게 된다.

물론 베버에게도 부정과 반항을 통해 자의식을 형성하는 시기인 사춘기와 부모로부터 정신적으로 독립하는 청년기가 있었다. 가족 전체가 공유하는 종교 문화를 무조건적으로 수용하는 것이 아니라 그것을 완고한 강요로 판단한 것이다. 점차 어머니에 대한 의존성도 벗어나기 시작했다. 지나친 의무감을 스스로 부여하여 문제를 적극적으로 해결하는 것이 아니라 회피하거나 체념하는 것처럼 보이는 어머니와의 대화도 답답해졌다. 고지식한 아버지는 전통적 형식에 늘 얽매이고 나이 든

막스 베버의 초상과 그의 저서 『프로테스탄트 윤리와 자본주의 정신』 초판본 표지(1920).

자식을 인정하지 않고 계속 권위적인 태도를 유지했다. 성인이 된 베버에게 그는 베를린시의 유력한 정치인으로 살아가는 자랑스러운 부친이 아니라, 보이지 않는 이면에서는 거리낌 없이 자신의 욕망을 표출하는 천박한 기회주의자로 보였다.

물론 새로운 지식에 대한 호기심이 많고 조숙했던 소년인 베버는 너무 바빠 가족들과 함께 보내는 시간이 부족했던 아버지의 삶에서도 적지 않은 영향을 받았다. 당시 독일 사회의 정치 과제들에 적극적으로 참여하고 의견을 피력했던 부친은 그에게 실용주의적 사고방식과 현실주의적 태도의 중요성을 가르쳐주었다. 아버지의 모교에서 같은 법학을 전공하고 아버지가 속했던 학생 클럽에 가입하여 활동한 것은 철저히 부친의 입김이 작용한 것이다. 다른 한편, 지식인으로서의 소양을 키우는 역사, 문학, 철학, 외국어, 작문 같은 인문 고전 교육을 충실히 익혔던 베버는 10대 때부터 공리주의 입장을 가진 사회학 저서와 신학 문헌을 즐겨 읽었다. 물론 이런 지적 성장의 과정도『프로테스탄트 윤리와 자본주의 정신』을 집필하는 하나의 토대가 되었다.

아버지와 건강을 함께 잃고 방황했던 학인의 삶

이어서 자연인 막스 베버가 아니라, 30여 년 동안 학자로 활동한 베버의 생애를 간략히 살펴보자. 독일의 인문계 중·고등학교인 김나지움에 입학하여 베버가 읽었던 독서 목록은 역사서나 그리스·로마 고전뿐만 아니라, 스피노자·칸트·쇼펜하우어 같은 근대 철학자들의 저술과 방대한 분량의 괴테 전집도 포괄했다. 그런데 교양 지식이 풍부한 그도 학업 성적은 그리 우수하지 않았고 학교 생활은 적응하기 어려웠다. 여러 언어로 된 책을 많이 읽고, 다각도로 깊이 생각하고, 그 생각을 글짓기로 표현하는 등 어릴 때부터 탁월한 언어 능력을 인정받았지만, 딱딱한 규율을 가진 공동체 생활은 베버에게 억압적이었으리라.

그런데 김나지움을 졸업하고 대학에 진학한 후, 베버에게는 약간의 성격과 취향의 변화가 생겼다. 앞서 말했던, 아버지의 재학 시절을 따라 가입했던 하이델베르크대학교의 클럽은 남학생들이 거친 스포츠를 통해 사교 모임을 갖는 곳이었다. 밤늦게 술을 마시며 대화하고 뜻이 안 맞으면 물리적 결투도 심심찮게 벌이는 모임 활동을 통해 그는 소년기의 내성적이고 소심한 성격을 점차 바꾸게 된다. 흉터가 생긴 얼굴과 비대해진 몸으로 돌아온 아들의 모습을 본 어머니는 실망이 큰 나머지 베버의 뺨을 때렸다는 이야기가 전한다.

베버의 그런 생활은 오래 이어지지는 않았고, 군사 훈련을 마친 후 베를린대학교로 옮겨 대학 생활을 재개하고 1886년 학부를 졸업했다. 이후 농업사를 다루는 연구소에서 일하면서 3년 동안 법학 전공의 학업을 이어나가, 그는 25세의 나이에 법학 박사학위를 취득한다. 이후 베버는 잠시 변호사로 진출

막스 베버와 마리안네 베버.

하는 진로를 고민하기도 했고, 베를린법원에서 사법관 시보로
일하다 다시 베를린대학교에서 연구할 기회를 얻었다. 지도교
수가 별세하여 교육 공백이 생긴 베를린대학교에서 강사 생활
을 시작한 것이다. 그러다 그는 1894년 30세라는 젊은 나이에
프라이부르크대학교의 교수로 임명되었다. 그리고 2년 뒤에는
모교인 하이델베르크대학교의 경제학 담당 교수로 이직했다.
이러한 성취는 위계질서가 강조되었던 당시 독일 학계에서는
이례적인 것이었다.

그 와중인 1893년, 29세의 베버는 여섯 살 어린 신부 마리
안네 슈니트거와 혼인했다. 그런데 그녀는 베버의 큰아버지인

카를 베버의 손녀였으므로 오촌 조카이기도 했다. 그럼에도 불구하고 그녀가 베버와 잘 어울렸던 점은 진취적인 지식인이자 풍부한 교양과 전문 지식을 갖춘 여성이라는 것이다.『법의 발전에서 아내와 어머니』라는 책을 출판하기도 했던 그녀는 '성윤리의 원칙 문제에 관하여'라는 대중 강연을 펼치고, 1919년 독일여성연합 의장으로 활동하는 등 여성성을 자각한 근대 초기 여성주의 운동가였다. 둘 사이에는 자식이 없었지만, 이처럼 베버에게 마리안네는 충분한 지적 동반자였다. 그리고 그녀는 무엇보다 베버의 사상에 관해 연구하는 후대의 사람들에게 중요한 자료로 평가되는 남편의 전기를 집필하고, 그가 남긴 여러 논문을 편집하여『경제와 사회』를 출간했다.

그런데 베버의 인생에서 시련은 30대 초반에 찾아왔다. 1897년 여름 어느 날 그가 재직하던 하이델베르크대학교에 어머니가 방문했는데, 이어서 불청객이었던 그의 아버지도 만나게 되었다. 그런데 모처럼 만난 부자 사이의 대화는 격렬한 논쟁이 되다가 급기야 부정적인 감정이 폭발하는 상황으로 번지게 되었다. 이제는 좁혀지지 않는 둘 사이의 견해 차이와 케케묵은 감정이 원인이었다. 그동안 어머니에 대한 아버지의 홀대와 무시를 지켜봐 왔던 베버는 조금도 양보하지 않는 태도를 참지 못하고 자신의 집에서 그만 아버지를 내쫓고 말았다. 물

막스 베버가 살던 하이델베르크 네카 강가에 있는 집. 그의 묘소도 하이델베르크에 있다.

론 이런 불통과 서로에 대한 갈등은 단기간에 일어난 것이 아니라, 어릴 때부터 어머니와 훨씬 더 많은 대화를 하고 집을 떠나 있을 때도 편지를 주고받으며 그녀에게 강한 친밀감을 가질 수밖에 없었던 배경에서 나온 것이다. 장남에게 더 많은 애정을 쏟았던 어머니는 베버에게 '우리 큰딸'이라고 부를 만큼 자상했다고 한다.

그런데 그런 일이 있고 몇 주 뒤, 아버지가 갑자기 세상을 떠나는 일이 일어나고 말았다. 베버의 잘못만으로 죽음의 원인을 몰고 갈 수 없음에도 불구하고, 아버지와의 준비되지 않은 이별은 베버에게 큰 자책의 충격으로 다가왔다. 1896년 하이델베르크대학교로 옮긴 후 1년 남짓 지났을 때 그는 신경증으로 쓰러지고 만다. 조금 쉬면 나을 줄 알았던 증상은 점점 심해져 그는 여러 질병을 복합적으로 앓게 된다. 신경쇠약증, 불면증, 불안증 같은 정신 장애와 무기력과 탈진 같은 신체 이상을 6년 가까이 겪었다. 기초 체력이 떨어져 지속적인 집중력을 가질 수 없었던 그는 곧 스스로 교수직을 사임했지만 공식적으로는 무기한 휴직 상태로 처리되었다. 이에 따라 1897년부터 1903년 초까지 저술 활동을 거의 하지 못하며 치료와 회복을 위한 시간을 가졌다. 그 후 그는 세상을 떠나기 2년 전에야 19년 만에 다시 강단에 복귀할 수 있었다.

독일 상황과 자유주의 지식인의 문제의식

근대화의 후발주자 독일의 과제와 한계

18세기 철학 분야에서 융성한 독일 관념론의 배경 중 하나로, 영국과 프랑스에 비해 경제적·정치적 근대화의 물결에서 한참 뒤처진 농업 국가 독일 사회의 조건과 그에 대한 열등감을 지적하는 해석이 있다. 분열되어 있던 독일은 19세기 중반까지 산업화, 도시화, 근대화의 과정이 뒤늦어 유럽의 후발 개발 국가에 불과했다. 그런데 20세기 전반에 독일은 제1차, 제2차 세계대전 모두를 일으키고 패전국이자 전범국이 되고 말았다. 그 사이에 대체 무슨 변화가 있었던 것일까? 19세기 후반에 젊은 시절을 보낸 베버도 자신의 조국을 불안한 마음으로 응시하고 있었다. 1871년 통일되어 탄생한 독일제국은 후발 제국주의 국가로서 큰 보폭으로 발돋움하고 있었다. 빠르게 산업화되는 공업 도시에 비해 봉건 영주의 후예들과 소작인들로 구성된 농업 중심의 전통 독일 사회의 해체와 변화는 아직도 너무 느려 보였다.

　그런데 베버를 비롯한 당대 지식인 사회를 혼란스럽게 만든 것은 그것보다 더 근본적인 문제의식을 향하고 있었다. 그들은 광범위한 변화를 만드는 산업화·도시화·관료화·세속화, 그리고 경제 체제 변화를 통한 세계 질서의 재편과 제국주의적 팽창을 지켜보고 있었다. 오랫동안 사회를 지탱해왔던 전통적 가치와 문화적 규범은 모두 단절되고 사라져야 할 대상일 뿐일까? 이 새로운 변화의 바탕에 놓인 자본주의 사회는 우리를 어디로 데려갈 것인가? 과학·기술 발전을 통한 경제 중심의 사회를 끊임없이 움직이는 동력은 단지 이윤 추구의 동기, 보다 근원적으로는 끝없는 이기적 욕망일 뿐일까? 자본과 소비가 절대화되어 가는 세상에서 '이성적 동물'로서 인간의 존엄성을 정당화할 수 있는 윤리적 가치는 어디에서 찾을 수 있는가? 자본주의 세계에서 인간 유형은 단지 자본가와 노동자, 전문 기술직과 단순 업무직으로만 단순화되지 않고, 합리적이고 윤리적인 전인격적 존재로 살아갈 수 있을 것인가? 각자의 목적을 이루기 위한 수단으로 도구화된 계산 능력은 사회의 공동선과 비경제적 가치를 모두 소멸시킬 것인가? 이 모든 사회 변동은 인간만의 특성이라고 간주하는 이성이 발휘하는 보편적인 변화인가?

당시 시대정신을 대변하는 이런 물음들은 단지 130여 년 전, 세기말 상황에만 한정되는 것이 아니라고 필자는 생각한다. 21세기 전반부를 살아가는 오늘날에도 저런 물음들이 일정 부분 유효하다면, 그것은 현재 인류 문명과 문화를 구성하는 모든 지표들도 하나의 방향을 가리키고 있기 때문일 것이다. 바로 '지금 이 세계는 지속 가능한가'라는 과제다. 베버가 '자본주의 정신'을 고민하던 시대와 지금 이 책을 읽는 독자들 사이에는 시간적 간극이 크고 자본주의 체제에도 수많은 수정과 변화가 있었지만, 우리 시대 인간적 삶을 위해 자본주의는 지속 가능하며 '어떤 자본주의가 필요한가'를 묻는다는 점에서 베버와 독자들은 함께 대화할 수 있다. 그럼 계속 그 대화를 이어가보자.

베버는 당대를 풍미하던 경향들과 다른 길을 모색했다. 그는 게오르그 짐멜(Georg Simmel, 1858~1918)이나 프리드리히 니체(Friedrich Wilhelm Nietzsche, 1844~1900) 같은 '문화적 염세주의'에도 만족할 수 없었고, 과거에만 존재하는 낭만주의적 세계에 대한 동경이나 회귀의 흐름도 그 필요성을 인정할 수 없었다. 그에게는 자유주의적 계몽 정신을 옹호하며 근대 세계의 빛나는 성취와 인간의 보편적 권리의 진전을 조금씩 더 확장하는 것이 중요해 보였다. 정당 정치와 의회의 활성화, 지속적으로 보장되는 헌법적 가치, 시민의 자유와 정치 참여 기회의 확대, 정치인들에게 더욱 막중하게 부과되어야 할 책임의 윤리 등, 베버는 이 거대한 근대의 물결을 사회학적으로 직시하고, 그런 합리주의 문화의 가능성을 더욱 정당화하는 작업이 필요하다고 생각했다.

신성로마제국 해체 이후 300여 개의 공국과 왕국으로 나누어져 살아가던 통일 전 독일에는 봉건적 잔재가 짙게 남아 있었다. 그래서 '게르만족'은 있었지만 '독일'이란 국가는 없었다. 이와 달리 영국이나 프랑스는 18세기 이전부터 통일된 국민국가 형태를 갖추고 19세기에는 산업화를 빠른 속도로 추진하고 있었다. 근대 유럽에서 발명된 개념인 '민족(nation)'과 단일한 정부 형태를 가진 '국가(state)'를 연결하여 공통의 정체성, 즉 민족 공동체와 정치 공동체를 통합하여 단일한 민족국가의

통일 독일제국의 초대 황제 빌헬름 1세의 선포식. 1871년 프랑스 베르사유 궁전.

국민성을 만드는 것은 근대화의 선결 조건이었다. 의회의 동의 절차를 무시하며 정책을 밀어붙인 '철혈 재상' 비스마르크가 1862년부터 이끌었던 프로이센은 '통일 독일'을 위해 범게르만족 주변 국가들을 강한 국방력과 외교력으로 통합해나가기 시작했다. 프로이센은 1866년 오스트리아, 1871년 프랑스와 벌인 전쟁에서 모두 승리하여 주변 국가들에 대한 주도권을 확보했다. 1871년 프랑스 베르사유 궁전에서는 제2제국으로도 불리는 통일된 독일제국이 선포되었다. 그 후 독일은 '위로부터의 개혁'을 강력하게 추진했다.

그런데 이러한 하향식 독일 통일 과정과 제국주의 국가로의 발돋움을 위한 철권 통치는 19세기 후반 여러 후유증을 낳고 있었다. 비스마르크는 개신교 세력과 자유주의자들의 지지를 등에 업고 여러 자유주의적 경제 개혁 정책을 시도했다. 중공업을 부흥하기 위해 대규모 투자를 벌이고, 프랑스로부터 받은 전쟁 보상금을 통해 제국은행을 설립하여 기업 운영에 필요한 자금을 지원했다. 또한 자유주의 노동법을 제정하고, 관세를 절폐하여 식량과 철강을 대량으로 수입했다. 이러한 일련의 조치들은 빠른 속도로 산업화를 이루고 경제를 부흥하는 데는 도움이 되었지만, 여전히 경제의 중심을 차지하고 있던 농업 분야에서 주도권을 가진 지주 호족인 융커(Junker)와 일부 기업들의 이해관계와 충돌을 일으켰다. 한편 정치 분야에서는 일방적이고 독단적인 정책 추진에 대한 반발이 일어나 기득권을 방어하는 반자유주의적인 법안들이 통과되기도 했다.

당시 독일 지식 사회의 물음과 특징

이러한 독일의 사회 분열과 첨예화된 갈등에 대해 당시 베버를 비롯한 지식인들은 민주주의의 진전 없이 급속히 진행된 산업 자본주의로의 이행이 낳은 필연적 결과로 인식했다. 또한 자본가와 노동자들의 지지를 얻지 못하는 관료 중심의 정책 집행은 점차 내부 동력을 잃어가고 있었다. 물론 기업들은 최대한의 효율을 추구하고 국가의 지원을 계속 받기 위해, 이윤 창출에 도움이 된다면 높은 세율도 감당하면서 정치 구조의 후진성을 바꾸는 문제에 굳이 개입하지 않았다. 하지만, 노동자들은 자신들의 계급적 이익을 대변할 수 있는 '독일사회주의노동당'을 1875년 창당하고 정치적 영향력의 확대를 시도했다. 비스마르크는 이런 움직임에 대해 철저한 탄압을 결정하고 '사회주의자 진압법'을 제정하여, 어떠한 형태든 사회주의적 경향의 정치 활동을 금지했다. 즉 19세기 후반 독일은 전형적인 정경유착(政經瘉着) 현상을 드러냈고, 대토지를 소유한 보수적인 전통 귀족 세력이 주도한 통일과 산업화의 이익이 소수의 자본가와 기득권층에게만 거의 귀속되고 있었다. 이런 상황은 정부와 은밀하게 결탁한 대기업 중심의 수출 주도 방식으로 고도성장을 이루었지만, 군사독재 정부와 민주주의의 말살을 수반했던 1960년대 이후 한국의 산업화 정책을 떠올리게 만든다.

그런데 오랜 세월 동안 피, 땀, 눈물을 흘려가며 시민 계급

이 능동적으로 민주주의 정치 제도를 발전시켜 온 프랑스·영국의 정치 공동체와 달리, 독일의 정치 문화나 시민 의식은 아직도 봉건적이었다. 당시 독일은 과학은 물론 사회과학 분야의 학문 분야마저도 국가 주도로 발전하고 있었다. 과거 한국처럼 '민족 중흥의 역사적 사명'과 산업화를 통한 '조국 근대화'라는 통치 이데올로기에 대해 회의적인 태도를 가지면서도 자유롭게 학문 활동을 할 수 있는 지식인은 거의 없었다. 베버가 속해 있던 '국민 경제학파'도 그 이름처럼 강한 배타성을 띠는 민족주의와 국가주의적 성향을 갖고 있었다. 그래서 권위적인 정부 주도의 경제 발전을 '불가피하게' 지속하면서도, 거기에서 파생된 사회적 억압과 갈등을 어떻게 해소하거나 극복할 것인가 하는, 어떻게 보면 상당히 모순적인 문제 틀은 당시 지식인들의 공통 관심사였다. 베버의 문제의식은 이러한 상황 인식에서 구체화되었다.

이처럼 당시 20세기를 앞둔 독일 사회는 통일과 경제 발전이라는 성과를 포기하지 못하면서도, 그것에 부합하는 성숙한 시민사회를 창출하지 못해 반자유주의적이고 비민주적인 문화로 인해 사회적 불안이 커지고 있었다. 결과적으로 독일 시민사회의 허약한 토대는 제1차 세계 대전 이후의 후유증과 더불어 1930년대 이후 히틀러의 나치즘이 대중의 동의를 통해 등장할 수 있었던 배경으로 지목되었다. 알다시피 히틀러는 합법적이고 절차적으로 아무 문제가 없는 당시 바이마르공화국의 선거 제도를 통해 집권했으며, 여론 선동과 공포 정치를 동원한 대중의 동의를 통해 빠른 속도로 국가 전체를 획일화된 전체주의(totalitarianism) 사회로 바꿔나갔다. 이처럼 독일 국민의 정치적 미성숙, 부실한 시민사회, 사회주의 정당에 대한 지속적인 탄압, 대안적 정치 세력의 부재는 두고두고 독일 사회의 어두운 배경이 되었다.

· Concept Word ·

전체주의(全體主義, totalitarianism)

서로 다른 개인의 가치보다 공동체의 단일한 질서나 국가가 채택한 이념을 우선
적으로 고려하는 사상으로, 개인을 단지 전체의 발전을 위한 수단으로만 여긴다.
어원적으로는 파시즘을 만든 이탈리아 독재자였던 베니토 무솔리니의 통치 현
상을 설명하기 위해 고안되었는데, 이 개념에 대한 규정은 연구자들마다 서로 다
른 강조점을 가지고 있다. 특히 한나 아렌트는 전체주의의 특징이 인간의 다양한
개성과 일상성을 파괴하는 '총체적 지배'와 '총체적 (정치) 테러'에 있다고 보았다.
한편 이 용어는 냉전 시대가 도래한 1940년대 후반 이후 자본주의 진영에서는
독일의 나치즘·이탈리아의 파시즘·일본제국의 군국주의 같은 전범국들뿐만 아니
라, 소비에트 연방이나 중화인민공화국 같은 공산권 국가들의 정체를 비난하는
정치적 수사로 활용되기도 했다.

한편, 당시 독일 지성계의 특징으로 꼽을 수 있는 것은 문
화주의적 해석 경향이었다. 그것은 서유럽 자본주의 발전을 물
질적 요인보다는 일종의 문화적 현상으로 간주하여 그것에 담
긴 정신문화나 세계관을 분석하려고 시도했던 데서 잘 드러난
다. 역사학자들은 '문화사 논쟁'을 벌이며 경제 분야의 자본주
의 체제와 사회 분야의 계급화라는 현상의 인과관계를 문화사
적 분석으로 해명하려고 했다. 물론 그런 탐구 방법 자체에 대
한 학계 내부의 비판은 거의 없었으며, 분석 대상의 범주를 국
가, 민족, 사회 중 어디로 설정하고 세분화할 것인지에 대해서
만 의견이 갈렸다. 결국 이런 경향은 독일이 당면한 문제를 해
결하기 위해 국가 개혁의 차원이나 시민들의 정치 참여를 통

해 새로운 민주 권력을 구성하는 방식이 아니라, 사회문화적 차원의 문제로 환원하여 해소하려는 방식으로 나아가게 된다.

물론 베버의 입장도 여기에서 벗어나지 못한다. 선진적인 자본주의 산업화 사회로 나아가야 한다는 것은 당위적인 것이므로 독일의 후진적인 사회문화와 낙후된 가치관, 즉 이른바 '전통주의'는 배격의 대상이다. 반면에 이를 대체할 수 있는 미래 지향적 가치관은 근대 자유주의 사상을 기초로 전통문화에서 부정적인 효과를 가지는 것들을 배격하고 삶의 문법을 재구조화하는 '합리주의'로 요약된다. 이런 점에서 독일이 추구해야 할 새로운 자본주의 사회를 이끌어갈 청사진은 바로 시민 주도의 합리주의적 정신문화 및 가치관에서 찾을 수 있다. 그것이 바로 베버가 강조하는 '자본주의 정신'이다. 그리고 그 정신의 실질적 요체와 윤리적 연원이 무엇인지를 학술적으로 논증하는 것이 40대에 접어들어가는 당시 그의 탐구 과제였다. 뒤에서 자세히 살펴보겠지만, 그는 '자본주의 정신'의 기원과 내용을 추적하기 위해 종교개혁 이후 등장한 합리주의적 세계관을 분석한다. 그것은 '금욕주의', '노동·직업 윤리', '삶의 체계적 조직화' 등과 같은 개신교 교리에서 파생된 윤리적 가치이며, 그것이 바로 자본주의의 문화적 원천에서 핵심적 요인이었다고 주장한다.

윤리성을 담보한 문화적 가치의 중요성

베버가 쓴 이 책 제목을 언뜻 보자면, '교회'에서 금욕적이고 검소한 삶을 강조하는 소위 '프로테스탄트 윤리'는 인간의 이기적 욕심과 이윤 추구의 동기를 통해 '시장'에서 돌아가는 자본주의와는 거리가 아주 멀어 보인다. 둘은 이질적일 뿐만 아니라 서로 대립적인 가치를 추구하는 것처럼 보이기 때문이다. 또한 이 책의 제목이 주는 피상적인 어감이 섣부른 판단으로 이어져 오해를 낳을 수도 있다. 오랜 기독교 전통을 갖고 있는 서양 문명, 특히 개신교가 번성했던 나라들에서 먼저 자본주의 경제 체제가 부흥했고 그들이 결국 근대화의 승자로서 제국주의 국가를 거쳐 선진국이 되었다는 일반적 인식과 결합하면, 역시 기독교 문화가 우월하다는 서양 문명 중심의 편협한 논리가 자연스레 성립할 수 있어 보이기 때문이다. 그러나 이 책은 종교사를 상세히 다루지만 종교적 교리에 심취하지 않고, 초기 프로테스탄트의 생활 문화를 분석하지만 신앙심의 중요성을 강조하지 않는다.

현대 사회학의 창시자로 꼽히는 베버가 『프로테스탄트 윤리와 자본주의 정신』에서 개념적으로 분석하는 대상 중 가장 중요한 열쇠 말은 당연히 개신교와 자본주의일 것이다. 특히 그는 역사적 형태의 자본주의를 '자본주의'와 '근대 자본주의' 두 가지로 구별하여 인식한다. 전자는 어느 시대나 장소를 막론하고 인류 문명 안에 존재했던 경제 구조로서 '자본주의' 일반을 가리키고, 후자는 그런 자본주의가 특정한 시기인 근대에 들어와 독특한 경제 활동의 조직화를 이룬 것을 말한다. 이것은 자유주의적 경제학이나 마르크스주의적 경제학에서 규정하는 자본주의 이해와도 다르며 현대인들의 자본주의 인식과도 거리가 있다. 베버는 근대적 형태의 자본주의에 내재된 근대성을 해명하는 것을 탐구 대상으로 삼았다면, 마르크스는 자본주의를 철저히 근대에 특징적으로 출현한 역사적 생산양식으로 간주했기 때문이다. 베버의 이러한 구별의 기준에 대해 좀 더 구체적으로 살펴보자.

베버는 재화 교환, 가치 측정, 이윤 추구, 손익 계산, 상호 계약 같은 인간의 경제 활동을 구성하는 데 기본적인 활동 기준을 포괄하는 것으로서 '자본주의'를 상정한다. 그런 자본주의는 고대부터 현대까지 모든 인간 공동체에 자연발생적이고 필연적으로 존재할 수밖에 없었다는 것이다. 특히 그는 이런 자본주의의 대표적 유형으로 두 가지를 비판적으로 든다. 투기 자본을 운용하여 이익을 도모하는 '모험 자본주의'와 정치 권력에 의존하는 '정치 자본주의'다.

반면 '근대 자본주의'는 우선 다음과 같은 외형적 특성을 가진다. 이전 시대에 비해 상대적으로 자유로운 재화의 교환이 가능한 시장, 기업 활동과 사적 활동인 가사의 분리, 복잡하고 전문적인 회계 방식의 발달, 노동과 작업장의 체계적이고 합리적인 조직, 법적 자유민인 대규모 노동자, 법적 주체로서 조직된 기업들의 상시적인 이윤 추구 등. 그런데 베버는 이런 특징들만으로는 근대 자본주의만의 본질을 완전히 해명할 수 없다고 생각했다. 문화사적 특질과 의식적인 정신 요소, 즉 경제 활동에 내재된 윤리적 가치를 강조하지 않고서는 경제 분야의 새로운 조직화라는 근대적 특성이 드러나지 않는다고 본 것이다. 여기서 추출된 윤리적 규범이나 지향점을 가리켜 베버는 '근대 경제 윤리' 혹은 '자본주의 정신'이라고 말한다. 즉 '근대' 자본주의를 특별히 분리하여 보려는 그의 의도는 경제 관계나 제도적 장치에 의해 결정되는 자본주의의 물질적 요소들뿐만 아니라, 고유한 문화 양식들에서만 발견되는 도도한 정신이 '자본주의의 근대성'을 이룩하는 중요한 요인이었다는 점을 강조하려는 것에 있다.

이러한 근대 자본주의의 고유한 문화 양식이나 정신적 가치, 즉 '자본주의 정신'이라는 개념을 잠정적으로 이해하기 위해 베버가 그 정신의 이념형(ideal type)을 표현하는 것으로 소

청교도(淸敎徒, Puritans)

17세기 개신교 교파 중 하나로 가톨릭의 교리와 당시 개혁교회의 교리가 뒤섞인
잉글랜드 국교 안에서 후자, 즉 성경 중심의 반(反)가톨릭 성향과 금욕적 칼뱅주
의를 따르던 사람들을 일컫는다. 원래 성서 중심의 복음주의를 주장하던 영국 국
교회가 지향한 순결(purity) 가치에서 왔으며, 이 뜻을 살려 맑고 깨끗하게 탐욕
없이 신교를 믿는 자들이라는 한자로 번역했다. 이 용어는 특정 교파에 소속되지
않더라도 다양한 전통 복음주의자들을 통칭해 일컫는 말이지만, 원래 그들 스스
로 불리길 원한 명칭이 아니라 과도하고 극단적으로 완벽한 교리를 추구한다는
점을 비꼬는 말에서 비롯되었다. 17세기 중반 청교도 중 일부, 즉 정부 중심으로
운영되는 영국 성공회를 거부하고 기독교 전체의 전통인 제도 중심주의를 철폐
하는 간소한 자유교회를 지향하여 엘리자베스 1세에게 탄압받던 소수의 독립파
(분리파)가 신대륙으로 처음 이주했는데, 대표적인 분파는 침례교다. 한편 영국에
서는 청교도 중 장로교가 국교회를 물리치는 1641년 청교도혁명을 일으켜 20년
동안 권력을 누렸지만, 왕정과 함께 국교회도 복구되어 오늘에 이르고 있다.

개한 예시 인물을 살펴보자. 물론 이 인물에 대해서는 뒤에서
더 자세히 살펴볼 것이다. 베버가 보기에 미국 청교도의 '직
업 윤리'를 잘 보여주는 대표적인 인물은 바로 벤저민 프랭클
린(Benjamin Franklin, 1706~1790)이다. 베버에게 그는 세속적 금욕
주의를 가장 잘 보여주며 자기 관리 기법에 매우 뛰어난 사람
으로 보였다. 또한 좋은 습관을 기르기 위해 바람직하다고 보
는 인생의 덕목을 13가지로 제시하며, 그런 가치를 지향하기
위해 철저히 실용적인 사고에 따라 행동했다. 그 덕목은 '절제,
침묵, 질서, 결심, 절약, 근면, 진실, 정의, 중용, 청결, 침착, 순

벤저민 프랭클린

'최초의 미국인'으로 불리는 인물이자 '미국 건국의 아버지' 중 한 명으로 사업가,
정치인, 외교관, 사상가, 과학자로 활동했다. 대통령이 아니었지만 그의 초상은
최고액권인 100달러 지폐에 들어가 있으며, 피뢰침, 난로, 다초점 렌즈 등을 발
명했다. 가난한 집에서 열다섯 번째 아이로 태어나 무학에 가까웠지만 인쇄술을
배우며 작문을 연습하여 20대에 인쇄소를 소유하고 책을 발간했다. 독립선언문
(1776), 미-프 동맹조약(1778), 미-영 평화조약(1782), 미국 헌법(1787)이라는 역사
적 문서에 모두 서명한 유일한 인물이다.

결, 겸손'이었다. 이를 위한 철저한 시간 관리는 오늘날에도 근
면 성실한 삶의 태도로 권장되는데, 새해를 앞두고 현대인들이
즐겨 사는 연간 일정을 기획할 수 있는 노트는 흔히 '프랭클린
플래너'로 불린다. 이처럼 그는 개인들이 각자의 인생을 능동
적이고 실천적으로 그리고 합리적으로 조직하려고 한 근대적
노력을 보여주는 상징적 인물로 등장한다.

　베버는 프랭클린이 쓴 『젊은 상인에 대한 충고』와 『부자가
되고 싶은 사람들에게 반드시 필요한 힌트』란 두 책에서 발췌
한 글을 긴 분량으로 인용한다. 베버가 보기에 그것은 단지 각
자의 이기적인 욕망이 지배하는 속세를 지혜롭게 살아가기 위
한 일종의 처세술이라기보다, 그의 고상한 도덕관과 독특한 생
활 습관이 제시된 담담한 고백에 가까웠다. 프랭클린은 시간

워싱턴 D.C.의 옛 우체국 건물 앞에 서 있는 벤저민 프랭클린의 동상.

엄수를 통해 타인들의 신용을 얻고, 정직하고 성실하게 행동하여 사회생활의 공정성을 확보하는 것이 누구에게나 중요한 도덕적 의무라고 생각했다. 여기서 베버가 말하는 '자본주의 정신'이 보편성을 가지는 합리적 원칙이자 모든 사람들에게 적용될 수 있는 도덕적 의무로 작동할 수 있는 성질의 것임을 엿볼 수 있다. 물론 이러한 도덕 규범은 개인적 쾌락이나 행복을 넘어 보다 더 많은 사람들에게 만족을 줄 수 있는 기준은 아니라는 점에서 공리주의적 가치를 본래적으로 포함하지는 않는다. 프랭클린이 위에서 강조한 가치들은 우선 돈을 버는 데 유용한 습관으로 파악되기 때문이다. 그런데 베버는 이에 대해 다음과 같이 색다르게 평가한다.

> 오히려 이 '윤리'의 '최고선'은 다음과 같다. 더욱 많은 돈을 버는 것이다. 이는 모든 적나라한 향락을 엄격히 피하면서 행복주의적이고 쾌락주의적인 모든 단점에서 전적으로 벗어나, 돈 버는 것을 자기 목적으로 여기는 것이다. 이는 '행복'과 '효용'에 대립되는 것처럼 보여서 매우 초월적이고 비합리적인 것으로 보인다. 이런 종류의 인간은 돈벌이를 자신의 물질적 생활 욕구를 만족시키기 위한 수단으로 여기는 것이 아니라 삶의 목적 자체로 여긴다. 이는 일반적인 시각으로 본다면 전혀 이해가 안 될 만큼 '당연한 것'을 뒤바꾸는 것이다. 이것이 바로 자본주의를 가능케 한 동기이다. 이것은 자본주의의 입김을 쐬지 않은 사람들에게는 낯선 것이다.(『프로테스탄트 윤리와 자본주의 정신』, 1부 1장)

베버는 여기서 프랭클린의 돈에 대한 태도가 맹목적 욕심이라고 이해하지 않는다. 돈을 모으는 것 자체에 집착하는 것은 수전노(守錢奴)의 특성이지만, 이와 달리 프랭클린은 돈을 버는 '활동' 자체에 집중하고 있다는 것이다. 몰두하고 싶은 한 가지 일이 있으면 번창하던 사업도 남의 손에 맡겨 놓던 프랭클린은 오히려 "도대체 '인간에게서 돈을 짜내야' 할 이유가 무엇인가?"라고 한탄했다. 프랭클린이 보여주는 자본주의 정신의 이념은 자신에게 주어진 일과 직업에 충실하게 임하는 사람들이 종교적 구원을 얻으리라는 믿음이 신교도들에게는 있기 때문에, 단지 행복하게 사는 것이 아닌 신 앞에 선 피조물로서 충실함과 유능함을 증명하는 것에 목적을 두고 있다는 것이다. 이런 점에서 베버가 프랭클린을 통해 강조하려 했던 '자본주의 정신'은 직업이나 본인의 과업에 대한 윤리적 의무감이지, 이익을 최우선시하여 행위하려고 하는 유용성 중심의 사고가 아니었다.

이처럼 베버는 근대 사회의 특성을 일상이 새롭게 변화되어 형성되는 문화적 사건들, 즉 삶을 재편하는 윤리적 가치를 통해 분석하려고 했다. 왜냐하면 서양 문명을 지배하기 시작한 '경제적 합리주의'의 기원이 반드시 기술 혁신과 법·제도의 정비를 통해서만 가능한 것은 아니라고 보았기 때문이다. 물질적 요소들이 이루는 관계의 극적인 변동과 더불어 정신적 가치도 새로운 시대의 문화를 형성하는 원류로 작용한다는 것이다. 마찬가지로 르네상스, 종교개혁, 과학혁명, 시민혁명, 상업혁명, 산업혁명 등 모더니즘 시대로 가는 일련의 역사적 지표들이라

모던과 근대

modern(모던)의 어원을 추적하면 원래 지역이나 시대마다 달랐던 '음조(音調)'
를 뜻하던 라틴어 modus, 그리고 '바로 지금 존재하는 시대'를 의미하던 mod 같
은 말을 만나게 된다. 중세 초기인 5세기 말에 등장한 라틴어 moder-nus도 19세
기 초까지 계속 그 뜻이 변천했다. 이처럼 서로 다른 의미가 중첩되어 있지만 역
사학의 시대 구분(고대-중세-근대)에서 모던은 그 자체에 특별한 의미를 담고 있
지 않다. 무엇이라고 단정하여 특징지을 수 없지만 그 이전 시대인 중세와는 질
적으로 전혀 다른 '새로운 당대'를 의미할 뿐이었다. 그래서 맥락에 따라 모던은
근대(近代)로 인식되기도 하고 때로는 동시대(Contemporary)를 의미하는 현대
(現代)로 번역되기도 한다. 그래서 일반적으로 서양 중심의 근대라는 시대 구분
은 멀리 15세기 르네상스 시기 혹은 보다 가까운 17세기 계몽주의 시대부터 1945
년 제2차 세계 대전까지를 가리키며, 이러한 역사적 모더니즘(근대성)의 특징,
즉 근대의 특질에는 우리가 상식으로 알고 있는 반봉건적인 현대 사회의 가치
와 지표들이 널리 포함된다. 한편 사상과 예술의 특정한 경향을 말하는 모더니즘
(modernism)은 근대 시기 전체가 아니라 19세기에서 20세기 전반기의 사조에
만 해당하며, 포스트모더니즘(탈근대성)은 20세기 중후반부터 나타난 모더니즘
에 대한 반발적·반성적 사류를 종합적으로 의미한다. 여하튼 중요한 점은 모던에
서 파생된 용어들과 근대 및 근대성이라는 말은 문맥에 따라 그 의미를 파악해야
한다는 것이다.

고 알려진 것들도, 결코 어느 사회나 적용될 수 있는 보편적 방
식으로 진행되지 않는다고 볼 수 있다. 이런 점에서 베버는 근
대에 대한 단선적 해석이나 단일한 근대화 개념에 대해 비판
적으로 돌아볼 필요가 있다고 생각했다.

베버는 1904년 여름 하이델베르크에서 이 저작의 제1부에 해당하는 논문 「문제 제기」를 작성했고, 이것은 《사회과학 및 사회정책 논총(Archiv fur Sozialwissenschaft Und Sozialpolitik)》 제20호에 게재되었다. 제2부에 해당하는 논문 「금욕주의적 프로테스탄티즘의 직업 윤리」는 1904년 여름부터 가을까지 미국 체류 기간 이후 돌아와 작성되어 1905년 같은 학술지 다음 호에 수록되었다. 이처럼 두 해에 걸쳐 긴 분량의 논문 연작으로 전문 학술지에 발표했던 것에서 알 수 있듯이, 이 저작은 저자가 처음부터 동일한 제목 아래 연작으로 기획하여 출판한 것이 아니었다. 두 편의 논문은 1919년에 증보(增補)되었다가 재편집을 거쳐, 베버가 세상을 떠난 해인 1920년 『프로테스탄트 윤리와 자본주의 정신』이라는 제목으로 출간되었다. 그렇게 단행본으로 나오고 나서야 대중적으로 널리 읽을 수 있는 책이 되었다. 물론 원고의 분량도 통상적인 도서 분량을 훌쩍 넘어선다. 따라서 지금부터는 이 저작을 두 편의 논문들로 부르지 않고 독자들의 이해 방식에 발맞추어 편의상 '책'이라고 호명하겠다.

두 편의 논문이 시차를 두고 해를 넘겨 발표되었다면, 그 사이에 베버는 무엇을 했을까? 1904년 8월 베버는 제1부를 발표한 뒤 대서양을 건너 아내와 미국을 여행한다. 그는 거기서 휘황찬란하게 발전하며 마천루(摩天樓, skyscraper)가 즐비한 뉴욕의 풍경을 보고 충격에 가까운 놀라움에 휩싸인다. 초청받은 강연만 하고 돌아왔다면 오래 걸리지 않았겠지만 그는 넉 달 동안 머무르며 마음의 경계심을 풀었고, 이 '신세계'가 주는 신선한 공기를 깊이 들이마시며 의욕적으로 생기는 호기심과 학문적 자극을 충분히 즐겼다. 유럽의 프로테스탄트들이 추구한 정신적 가치를 탐구하던 베버에게 그들이 아메리카 신대륙으로 이주해 건설한 이 시민들의 나라는 예상보다 더욱 자극적이었다. 뉴욕을 걸으며 마주한 빠르고 번잡한 자본주의의 거리에는 유럽처럼 '전통적인 것'이 들어설 틈이 없었고, 새로운 상품과 다양한 인종의 활력이 넘치고 있었다. 그의 부인 마리안네는 베버의 전기에서 이때를 회고하며, 이민자들이 뉴욕에 입항하며 처음 마주하는 '자유의 여신상'이 주는 격려와 희망의 기운을 느낄 수 있었다고 썼다. 그리고 올려다보는 사람을 압도하는 맨해튼 상업지구의 고층 건물들과 해질녘 브루클린 다리를 걸어가며 들었던 통근 전차와 기선(汽船)의 굉음은 투병 생활로 파리해진 베버의 얼굴에 오히려 모처럼 활기가 돌게 했다.

물론 20세기 초 당시 베버가 묵었던 숙소는 오늘날의 관점에서 보자면 평범한 빌딩인 21층에 불과한 호텔이었고, 아직도 길거리에는 자동차가 아니라 말똥을 아무 데나 흘리고 다니는 마차들이 즐비했다. 또한 미국 자본주의를 한쪽 측면에서만 바라보고 찬미만 하거나 마냥 긍정적으로만 본 것은 결코 아니었다. 경건한 노동 윤리와 검소한 소비는 희박해져가고 인간의 욕망을 끝없이 시험하는 투기꾼들의 악다구니도 그는 보았다. 물론 그런 현상들도 오늘날의 관점에서는 희미한 싹의 상태로 드러났겠지만, 이 예민하고 눈 밝은 사회학자에게는 그런 모습도 미국 자본주의의 미래로 보였으리라. 어쨌든 미국에서 느낀 영감은 그에게 자본주의를 지나치게 추상화시켜 관념의 대상으로만 바라보기보다 총체적 문화의 산물로 분석해야 한다는 확신을 남겼다. 또한 베버가 미국 자본주의의 역동성에 매료된 것은 미국의 자유로운 모습과 당시 빌헬름 2세가 통치하던 복고적이고 권위주의적인 독일 정치의 풍경이 너무나 대비되었으리라 짐작할 수 있다. 미국에서 돌아온 그는 제2부에 해당하는 "금욕주의적 프로테스탄티즘의 직업 윤리"의 집필에 바로 착수했다. 원문을 읽어보면 이러한 제1부와 제2부의 미묘한 온도 차를 느낄 수 있을까.

이 책은 총 5개의 장으로 구성되어 있다. 제1부 "문제 제기"는 다음과 같은 세 개의 장으로 연결되어 있다. 제1장 "종파와 사회계층", 제2장 "자본주의 '정신'", 제3장 "루터의 직업 개념: 연구과제". 제2부 "금욕주의적 프로테스탄티즘의 직업 윤리"는 다음과 같은 두 개의 장으로 나누어진다. 제1장 "현세적 금욕주의의 종교적 토대", "금욕주의와 자본주의 정신". 특히 제2부 제1장은 개신교 종파를 세부적으로 살펴본 다음과 같은 네 개의 절로 다시 나뉜다. "칼뱅주의, 경건주의, 감리주의, 재세례파 운동에서 생겨난 분파들". 또한 이 책은 베버가 애초 대중을 염두에 두고 되도록 읽기 쉽게 쓴 게 아니어서 복잡하고 상세한 분석, 본문과 비슷한 분량의 상세한 주석, 지루하고 난해한 논증이 시종일관 전개된다. 따라서 이 책의 내용을 장별로 요약하며 설명하기 전에 집필의 배경이 된 쟁점을 먼저 살펴보는 것은 독자들의 이해를 도울 것이다. 그러한 담론 지형에 대한 이해를 높인 후에야 이 책의 전체적 개요를 그려보는 데로 나아갈 수 있을 것이다.

책의 집필 배경

이 저작의 집필 배경을 크게 두 가지로 나누어 살펴보자. 첫째는 독일 지식 사회의 담론 공간이라는 시공간적 배경 위에서 자본주의의 기원에 대한 베버의 입장과 다른 입장들의 차이를 살펴보는 것이다. 두 번째는 이 주제에 대한 베버의 집중적인 집필을 추동한 보다 직접적이고 첨예한 의견 대립 과정, 즉 과연 '자본주의 정신'을 이념적으로 보여주는 집단적 주체가 누구냐에 관한 것이다.

먼저 『프로테스탄트 윤리와 자본주의 정신』 이전에 전개된 논쟁, 즉 급격한 산업화로 인한 사회 변화가 일어나고 근대 자본주의라는 새로운 시기가 출현하게 된 역사적 기원에 대한 서로 다른 입장들을 살펴볼 필요가 있다. 베버의 주장과 거리가 먼 것부터 언급해보자면, 당시 여러 학자들은 먼저 18~19세기에 이윤 추구의 욕망이 급격히 강화되었다는 점을 지적했다. 이 주장이 성립하려면 자본주의 경제가 무르익기 전의 전통 사회에서는 물질적 가치에 대한 탐욕과 영리 추구를 목적으로 한 활동이 현저히 저조했다는 점이 타당하게 드러나야 한다. 그러나 베버는 황금을 향한 욕심, 즉 물질적 풍요를 바라는 인간의 욕망은 인류 문명의 시작부터 함께 발생한 것이라고 반박했다.

또한 당대 독일 학자들이 주장한 다른 입장으로는 추진력 강한 기업가들과 상업 자본가들이 세계 경제를 변화시킨 핵심 세력이라는 것이다. 즉 유럽인들의 항로 개척과 원료를 공급하는 식민지 경영 그리고 그 이전에 비해 거대해진 교역의 규모는 이들의 활동에 날개를 달아주었고, 경쟁심과 이기심으로 무장한 기업가들의 도전과 모험이 근대 자본주의 시장의 촉매제였다는 주장이다. 이런 의견에 대해 베버는 거대한 부를 축적한 특출난 기업가들이 만드는 경제 흐름은 과거 어느 시대에서도 찾아볼 수 있었다고 일갈하면서, 그것만으로는 근대 자본주의의 새로운 변화를 설명할 수 없다고 말했다. 왜냐하면 베버가 찾던 해답은 체계적이고 지속적인 생산 활동 방식을 갖고 기존의 경제 윤리를 해체하는 데 결정적인 역할을 할 수 있는 확장성이 큰 주체적 집단이었기 때문이다. 극소수 자본가들의 힘만으로는 이 거대한 변화를 해명할 수 없다는 것이다. 여기서도 알 수 있는 점은 『프로테스탄트 윤리와 자본주의 정신』에 담긴 베버의 관심이 이윤 추구를 도모하는 경제 주체들의 합리적이고 체계적인 '삶의 조직화' 및 '자본과 노동의 조직화'를 만든 정신적 힘을 찾는 데에 있다는 것이다.

그런데 무엇보다도 근대 자본주의의 역사적 기원에 대한 설명 방식에서 가장 거시적인 안목이자 19세기 이래 영향력이 가장 큰 것은 카를 마르크스(Karl Marx, 1818~1883)의 역사적 유물론이었다. 그는 방대한 분량을 가진 필생의 저작인 『자본』을 통해 전무후무하고 독특한 역사적 시기인 근대 자본주의의 내부 동력을 끊임없는 자본의 운동과 이윤 창출 과정으로 상세히 분석했다. 마르크스는 베버처럼 자본주의의 정신적 토대에 주목하는 것이 아니라, 물질적 교환 과정을 정치경제학적으

마르크스가 본 자본주의의 이윤

이윤(利潤, profit)은 일반적으로 재화를 팔고 남아 있는 이득, 즉 수익에서 실제 소진된 비용 및 기회비용을 제외한 잔액을 가리킨다. 그런데 『자본』에서 마르크스는 자체의 메커니즘을 통해 확장되는 자본의 운동 과정을 분석하면서 이윤의 발생을 노동자가 창출하는 잉여가치로 분석했다. 즉 자본가들은 잉여가치를 획득하여 이윤을 얻지만 노동자들이 생산한 부가가치보다 훨씬 적은 임금을 지급한다. 이처럼 노동자가 생산하는 가치보다 임금을 주고 구매한 노동력의 가치가 훨씬 작게 측정되는 것이 자본주의 생산양식의 특징이라는 것이다. 마르크스는 바로 이것이 '착취'의 구조이며 자본주의와 착취는 불가분의 관계라는 점을 강조하며, 노동에 의한 가치 생산 과정이 기업의 성취로 은폐되거나 자본가의 능력으로 신비화된다고 말한다. 물론 자본가 입장에서는 구매한 노동력뿐만 아니라 기계나 원자재도 이윤의 원천이므로 수익의 변화를 '이윤율'로 평가하겠지만, 노동자 입장에서 그것은 '착취율'과 마찬가지가 된다. 그래서 이윤율은 하락하는데 자본가의 이윤량은 증가하는 일도 얼마든지 일어날 수 있다. 그는 장기적으로 이윤율이 점차 떨어지는 현상을 '이윤율의 경향적 저하 법칙'이라고 정리했다. 그런데 이 흐름은 일방향으로만 진행되는 것이 아니어서 이윤율의 하락과 그것을 상쇄하는 요인들이 변증법적으로 함께 작용하여 이루어진다는 점에서 '경향적'이다.

로 해명하기 위해 상품 교환과 화폐의 기원에 관한 분석을 그 출발점으로 삼았다. '사회주의 혁명의 주동자', '공산주의 사회의 개창자'라는 마르크스에 대한 일반적 이미지처럼 마르크스는 무조건적인 자본주의의 철폐와 붕괴를 주장한 사상가가 아니었다. 그는 근대 자본주의의 엄청난 생산력이 가져온 성과를 찬미하고 그것을 가능케 한 부르주아 계급의 역사적 역할을 긍정적으로 평가하면서도 그 역사적 경제 체제가 어떤 점에서

부르주아지(bourgeoisie)

형용사형인 부르주아(bourgeois)와 자주 혼동되는 이 말은 프랑스어인데, 독일어 뷔르거(Bürger)에서 보듯이 중세 후반 안전하고 부유한 도시의 '성(bourg) 안에 사는 사람들'이란 의미에서 출발했다. 원래 이 용어는 봉건적 정치 구조를 무너뜨린 '시민 계급'이란 의미를 갖고 있었지만, 지금은 근대 자본주의를 전면적 세계 경제 체제로 만든 주역인 '자본가 계급'이라는 의미를 더 강하게 갖고 있다. 즉 중세에서 근대로 이행하는 시기에는 상업자본으로 부를 축적하고 왕족·귀족 세력에 대항하여 역사의 무대에 등장한 새로운 정치적 주체를 의미했지만, 마르크스주의가 확산된 이후에는 유산시민(有産市民)을 주로 가리켰다. 그래서 자본가 계급으로서의 부르주아지는 무산자인 프롤레타리아트(prolétariat), 즉 자본주의 사회에서 노동력을 팔아 생계를 유지하는 임금 노동자와 대립되는 개념이다.

내부 모순을 갖고 있는지에 대한 과학적 해명을 평생의 과업으로 연구했다. 결국 자본주의의 역사적 주역이 누구냐라는 문제 구도로만 한정하여 보자면, 마르크스는 근대 자본주의의 기원과 성장은 결정적으로 '부르주아'라는 새로운 계급의 등장이며, 그들의 사적 소유를 통한 이해관계가 지배적인 영향력을 가지고 확장하여 생산양식을 재편한 것으로 평가한다.

그러나 베버는 19세기 후반을 지배한 이런 입장을 배격한다. 그가 보기에 새로운 계급의 이윤 추구 활동에 대한 욕망과 더 거대하고 독점적인 자본의 지배에 대한 숭배는 이른바 '자본주의 정신' 찾기라는 자신의 문제 틀과 전혀 상관이 없다.

근대 자본주의의 초기 발전이라는 '결과'를 파악하기 위해서는 바로 효율적 합리성을 최우선적으로 고려하는 경제 윤리가 '원인'으로서 작동하고 있다는 점을 인정해야 한다는 것이다. 그리고 그 윤리가 과연 어떤 정신문화적 가치 또는 종교적 교리에서 유래했는지를 사회학적 측면에서 탐구하여 그 기원을 밝혀낼 수 있고, 또 마땅히 밝혀내야 한다고 그는 주장한다. 이렇게 두 부분으로 나누어진 베버의 문제 인식의 순서를 뒤집어놓으면, 또한 이 연역적 논증 방법을 경험적 탐구로 펼쳐놓으면,『프로테스탄트 윤리와 자본주의 정신』이 어떤 이유로 두 개의 부분으로 나누어 구성되었는지 이해할 수 있다. 한마디로 말해서, 베버는 근대 자본주의 연구에서 간과된 정신적 측면에 대한 해명은 그 '정신적 유산'이 경제적 측면에 뿌리를 둔 것이 아니라고 주장했다. 왜냐하면 해명 과정에서 자본주의 문화에 비판적이든 친화적이든 수리·통계 중심의 경제학이나 여러 집단의 이해관계를 분석하는 정치공학적 방법을 철저히 배격할 필요가 있기 때문이다.

그런데 이런 둘의 견해 차이에는 그것보다 더 근본적인 세계관의 차이가 놓여 있다. 즉 단지 자본주의 성장의 주역이 '부르주아라는 신흥계급이냐', '청교도 윤리를 장착한 종교적 주체들이냐'에 관한 대립이 아니라는 것이다. 여기에는 근대 자본주의의 기원을 바라보는 핵심 동력을 물질과 정신 중 어느 것에 치중하여 보는지에 관한 전제가 전혀 다른 입장들이 서 있다. 소박한 의미의 유물론은 물질적 가치가 정신과 관념에 우선하며 그것들의 '토대'를 구축하여 방향성을 결정짓는 구조적 요인임을 강조한다. 이런 마르크스의 입장에서는, 베버가 강조한 종교적 가치·윤리적 규범·정신문화·합리주의 사상 같은 요소들뿐만 아니라, 문화적 유산·국가 기구·법률·제도·이데올로기 등과 같은 비물질적 요소들은 모두 경제적 생산양식 위에서 그것에 의존하여 '상부 구조'로 형성된 것들이다.

이와 달리 베버는 근대 자본주의를 전혀 다른 지평에서 조망한다. 그는 자본주의를 경제적 생산양식으로서만 바라보는 관점이 팽배하여, 그것의 형성과 지속에 혁혁한 지분을 갖고 있는 정신사적 원동력에 대한 논의를 원천적으로 배제하는 유물론적 내지 경제학적 경향에 대해 한탄했다. 베버의 관심은 당대 자본주의 일반 체제의 전모를 청교도 윤리로 밝힐 수 있다는 것을 주장하는 데 있는 것이 아니라, 서구 사회의 근대 자본주의가 초기에 발전할 때 '합리적 경제 윤리' 또는 '건전한 노동(직업) 윤리'가 중요한 규범적·종교적·문화적 요인으로 작동했다는 점을 해명하는 데 있다. 또한 독특한 양식과 지향점을 가진 문화적 가치는 마르크스주의의 인식처럼 경제적 이해

토대와 상부구조

마르크스주의에서 역사적 경제 양식에 따른 사회의 구축 방식을 설명하기 위해 고안한 개념이다. 독일어 Basis를 번역한 토대(土臺)는 한 사회의 하부구조 (Unterbau)인 경제 체제, 즉 생산수단과 생산관계가 결합된 생산양식을 의미한다. Überbau를 번역한 상부구조는 그 물적 토대 위에 규정되는 사회의 나머지 모든 부분(제도, 이념, 문화, 정치, 종교 등)을 의미한다. 물론 이것은 특정한 경제 구조가 그 사회의 성격과 문화를 결정한다는 법칙성을 강조하는 것이 아니라, 양자가 서로 형성과 조응의 관계로 상호작용하지만 일반적으로 토대의 영향이 더 우세하다는 점을 가리킨다.

관계니 다른 구조적 요인들의 지배 관계에 종속된 수동적 결과물이 아니라는 점을 강조한다. 정리하자면, 그는 마르크스처럼 가치론 및 상품경제 일반에서 출발해 근대 자본주의의 물질적 작동 원리를 경제학적으로 분석하는 경로가 아니라, 근대 사회의 특정한 종교 윤리로부터 출발해 특정한 역사적 시기인 근대 자본주의의 유래를 사회학적으로 해명하는 경로를 채택하고 있다.

즉 베버의 강조점은 한 사회의 윤리 의식을 구성하는 문화적 가치들은 종교적 배경에서 산출된다거나, 그것이 경제적 가치보다 더 핵심적인 역사 발전의 필연적인 원동력이라고 설파하는 것이 아니다. 오히려 그 문화적 가치들이 역사적 이행의 한 측면을 담지하고 있으며, 그 점을 결코 간과하거나 부정할

합리성(合理性, rationality)

인간의 보편적 이성에 기초를 둔 합리적 성질이나 합리적으로 운용되는 상태를 가리키지만, 사실 이것만으로는 이 개념에 대해 알 수 있는 것이 거의 없다. 왜냐하면 합리성이란 말은 각 학문 분과에 따라, 심지어 같은 분과에서도 관점·시대·지역에 따라 사용하는 의미와 맥락이 서로 다르기 때문이다. 물론 현대인들은 일상생활에서 '논리'를 벗어난 말이나 자연적이거나 경험적 '이치'에 맞지 않는 상황에서 비합리성이나 불합리성을 쉽게 인식할 수 있다. 하지만 합리적인 것이 무엇인지 안다고 해서 그것을 실천할 수 있는 능력을 필연적으로 갖추지는 못한다. 막스 베버의 경우, 합리성을 경제적 이해관계에 따른 가치판단이 아니라 근대 시민 사회를 고찰하는 지표로 인식했다. 즉 비합리성이 만연한 중세 사회와 대비되는 근대화를 합리화의 과정으로 이해한 것이다. 예를 들면 기업을 운영할 때 가족 소유라는 사적 영역으로만 다루는 것을 넘어서, 사업 활동을 사회의 여러 행위자들이 함께 참여하는 공적 영역으로 간주하고 투명하게 경영하는 것은 객관성을 갖추려는 합리화로 볼 수 있다는 것이다.

수 없다는 점을 지식 사회를 대상으로 설득하는 데 있다. 물론 대부분의 마르크스주의자들이 보기에는 베버의 분석은 철저히 관념적인 분석에만 치중하고 있으며, 그래서 비실증적이며 비과학적인 논증으로 평가될 것이다. 이처럼 양자의 대립에는 근대적 가치이자 동시에 철학적 개념인 '합리성'에 대한 인식의 차이가 놓여 있다.

과거 한국의 군사독재 정부가 지정한 금서 목록에 '악명 높은' 마르크스의 이름과 혼동된 막스 베버의 『프로테스탄트 윤리와 자본주의 정신』이 덩달아 등재되었다는, 농담처럼 들리는 옛이야기는 단지 그 둘의 이름에만 한정된 오해가 아니었다. 뭔가 이질적인 단어들이 연결된 오묘한 책 제목과 '막스'와 '자본주의'라는 음절은 '불온도서'를 관리하는 사람들의 오해를 낳았다. 돌아보자면, 우리는 명백히 자본주의 체제 안에 살고 있고 그 안에서 성취의 기쁨과 좌절의 고통을 일상적으로 겪으며 살아가고 있지만, 이 자본주의라는 추상적 세계 자체를 직시하는 데에는 낯선 것이 사실이다. 거시적 시각에서 오늘날 신자유주의적 자본주의 자체의 작동 원리나 자본 시장의 운동 토대에 대해서 면밀하게 이해하려 하기보다는, 그것에 대해 그저 적응하거나 전망하거나 투자하는 데 더 많은 시간과 에너지를 사용한다. 또한 '보다 더 인간적 얼굴을 띠는 자본주의'를 만들어가기 위해 그것에 대해 비판적으로 접근하는 것도 즐기지 않는다. 한국에서 민주주의 일반에 대한 논의를 대변하거나 가로막기도 하는 '자유민주주의'라는 기표처럼, '완벽한 시장경제 체제'라는 환상에 기초한 인식은 심지어 자본주의에 대해 '감히' 언급하거나 독해하는 것조차 꺼리게 했던 시절을 만들었다. 통념상 사회주의의 대립어 자리에는 자본주의가 아니라 민주주의가 놓여야 한다고 배워왔기 때문이다. 그런데 그런 무의식적인 자기 검열은 완전히 사라졌을까? 아니면 여전히 분단국가를 유지하고 있는 21세기 한국 사회에서는 이제 어떤 방식으로 사람들의 마음속에 내재해 있을까?

자본주의 '정신의 기원'에 관한 논쟁

이제 두 번째 집필 배경에 대해 살펴보자. 1890년대 중반부터 시작된 베버의 이 기획은 당시 독일에서 제기되었던 입장, 즉 종교적 신념이 노동 관습이나 기업 문화에 영향을 끼친다는 것에 자극받은 것이었다. 가톨릭과 개신교의 신앙생활 차이가 자본주의의 발전에 어떤 '나비 효과'를 만들었을지를 사회과학적으로 분석하여 자신만의 주장을 펼치는 것이 그의 연구에 새로운 도전 과제가 된 것이다.

특히 그는 독일의 경제사학자인 에버하르트 고트하인(Eberhard Gothein, 1853~1923)이 1892년에 출간한 『흑림 지대의 경제사』에서 칼뱅주의가 자본주의 확산에 끼친 영향력에 주목했고, 게오르크 옐리네크(Georg Jellinek)가 1895년 출간한 『인간과 시민의 권리 선언』에서는 영국의 정치적 기본권의 확산과 개신교도들의 관계를 읽고 청교도를 새로운 시각에서 연구하기로 결심했다. 그런데 베버에게 더욱 결정적인 집필 동기를 갖게 한 연구는 그의 동료 연구자였던 베르너 좀바르트(Werner

Sombart, 1863~1941)가 1902년에 출간한 『근대 자본주의의 시작』이었는데, 그 책에는 베버의 견해와 대립하는 주장이 개진되어 있었다. 좀바르트는 근대 자본주의의 정신적 토대를 이루는 데 청교도의 영향을 부정하고 개신교는 자본주의의 원인이 아닌 결과라고 주장했기 때문이다. 어떤 연구자든 자신이 가설적으로 세우고 있던 주장과 정면 배치되는 입장을, 그것도 가까운 사람이 펼치는 책을 보고 흥분하지 않거나 도전 의식이 생기지 않을 사람이 있을까.

자본주의의 기원 논쟁에서 베버와 좀바르트의 대립을 드러내는 핵심어 중 하나는 '사회의 진보'이다. 통합적이고 총체적 인식을 중시하는 베버는 사회의 여러 분야에 걸쳐 '진보'라고 볼 가치 요소들이 동시대에 등장할 수 없다고 보았기 때문에, 근대 사회의 전반적 변화 양상을 통해 자본주의의 발전을 해명하는 것은 정확한 분석일 수 없었다. 하지만 좀바르트는 근대 자본주의 발전의 지표들, 예를 들어 생산과 무역의 증대나 상업과 금융의 성장은 합리주의가 사회 전반에 걸쳐 성숙했을 때 가능한 것들이므로 '자본주의 정신'은 역사 발전을 드러내는 한 부분일 뿐이라고 주장했다. 이에 반해 베버는 특정 분야에 한정하여 가장 높은 수준의 성취를 보이고 그 영향력을 후대에도 가지는 양상은 고대와 중세에서도 찾아볼 수 있다고

사회진화론(社會進化論)

Social Darwinism을 번역한 말로, 19세기 찰스 다윈이 주창한 생물진화론을 사회학에 적용하여 현상을 해석하려는 이론이나 견해를 가리킨다. 생물의 유전과 진화에 관한 입장은 다소 왜곡된 채 여러 학문 분야에 영향을 주었다. 진화론이 말하는 자연선택에 의한 생물종의 변천, 즉 '진화'는 결코 열등한 상태에서 보다 우월한 상태로 나아가는 '진보'와 같은 의미가 아님에도 불구하고 인간 사회에 이것을 적용하는 현상이 나타났다. 대표적으로 허버트 스펜서가 주장한 사회진화론은 '적자생존(適者生存)'과 '자연선택'을 인류 사회에 도입하여 인간의 우열을 판별할 수 있다고 주장했다. 그는 인간 사회에서도 무자비한 생존경쟁이 필요하며, 그에 따라 도태되어야 마땅한 가난한 사람들에게 자선을 베푸는 것을 '잡초 제거'에 방해되는 행위라며 반대했다. 물론 이것은 생물진화론과 달리, 과학적 근거가 없으므로 오늘날에는 제국주의 시대의 세계관을 상징하는 역사적 오류로 취급되어 폐기된 이론이다. 사회진화론은 인종차별주의와 전체주의 체제를 옹호하는 사람들이 활용하거나, 자본주의 사회의 경제적 '약육강식'을 정당화하는 논리로 악용되었다. 베버와 좀바르트의 논쟁은 사회진화론이 유행하던 당대의 지적 풍경과도 일부 연관이 있다.

보았기에, 사회진화론처럼 서유럽 중심의 근대 사회를 특권적이고 보편적 진보라는 관점에서 바라보는 입장을 비판했다.

15년 뒤 『프로테스탄트 윤리와 자본주의 정신』으로 출간되는 논문 두 편을 베버가 발표하여 학계의 관심을 받고, 1906년 「북미의 '교회들'과 '분파들': 교회정치적 및 사회정치적 소묘」를 통해 미국의 여러 신교 분파들을 더 구체적으로 다루었지만, 이 둘 사이의 의견 차이는 좁힐 수 없었다. 그들 사이의 논쟁은 '청교도냐, 유대인이냐'로 다시 전개되었기 때문이다. 베버가 주장을 펼치고 8년이 지난 1913년 좀바르트는 『유대인과 근대 자본주의』를 출간했는데, 그는 이 책에서 앞서 언급한 유대인의 역할을 강조하면서 그들의 '추상적 합리주의'가 영국 청교도들이 보여준 근대 자본주의 정신의 원류를 이룬다고 주장했다. 좀바르트가 근대 자본주의의 주역의 다른 후보로 내세운 것은 2천여 년 동안 유럽 사회 곳곳에 공동체를 이루고 자신들만의 활동 분야를 갖고 있던 유대인들이었다. 성경에서 금기시한 고리대금업을 떠맡게 된 그들이 사실 대출을 활성화하여 지속적인 사업 경영을 모색하도록 만들었다는 것이다. 또한 대규모 건설 자금과 전쟁 재원을 마련하는 데 기여하며 사업 이익의 극대화와 정치적 입지의 확장을 동시에 추구했던 유대인들은 근대적 의미의 영리 활동을 적극적이고 착실하게 추구했으며 자본주의의 역사적 변천을 이끌어온 가장 오래된 핵심 집단이라는 주장은 오늘날에도 널리 퍼져 있다.

이와 달리, 베버는 유대인들이 가진 경제 윤리는 근대의 합리주의적 기원이 아닌 전통주의적 토대에서 기인한다고 보았다. 그는 유럽의 주류 사회로 결코 편입되지 못했던 변방을 허덕이던 유대인 공동체들은 생산 방식과 노동 현장을 체계적으로 조직하지 못했고, 과거 어느 시대에나 있었던 투기 자본의 운동 방식을 갖고 있었다는 점을 근거로 들었다. 그래서 초창기 산업자본주의 시대에 유대인 출신 기업가들의 성취를 찾아볼 수 없었다는 것이다. 베버가 갖고 있던 관점, 즉 근대적 자유 사상의 기원은 일반적으로 지적되는 계몽주의가 아니라 영국과 미국의 청교도 전통에 있다는 점을 수정하기에는 좀바르트의 주장은 설득력이 부족했다. 1789년 프랑스혁명의 「인간과 시민의 권리 선언」에서 모든 인간을 정치적 주체로 천명한 부르주아 계급이 그러했듯이(과연 실질적으로 모든 이들의 인권을 보장하는 것이었냐는 문제는 차치한다면), 양심과 종교의 자유를 위한 여러 청교도 분파들의 투쟁은 역사적으로 다른 모든 사회적 약자와 소수자의 인권을 신장하고 확장하는 디딤돌이 되었기 때문이다.

이처럼 베버는 인류가 이룩한 근대 문명사를 보편적인 견지에서 그리고 독창적인 시각의 사상 체계로 해석하려고 시도했는데, 19세기 특유의 이런 광범위한 지식 지평은 그를 끝으로 사실상 다시 등장하지 않았다고 할 수 있다. 그런 시도들은 일찍이 관념론의 헤겔과 유물론의 마르크스 같은 철학, 콩트의 사회학, 토크빌과 밀의 정치학 등에서 찾아볼 수 있었다. 19세기에 축적된 그들과 같은 근대 사회에 대한 다양한 해석을 바탕에 두고, 베버는 넓은 시야의 역사 의식을 통해 자신이 디디고 서 있는 시대의 독특한 성격을 합리적으로 해명하려고 했다. 즉 그의 학문적 지평에서는 근대 서구 문명의 핵심과 특징을 문화적·종교적·윤리적 차원의 가치 탐구로 밝혀내고, 과거의 방향성이 현재에는 어떻게 변화했으며, 다시 미래에는 어떤 사회를 향해 나아가야 할지 그 밑그림을 전망하려는 사회학자로서의 원대한 열망을 읽을 수 있다. 베버가 탐구했던 다소 특이한 주제들의 목록은 그런 학문적 집념을 달성하는 데 필요했던 것들로 이해할 수 있다. 예를 들자면 고대 인도의 종교적 갈등, 유대인 예언자의 등장과 영향, 지중해 문명의 농업, 중세 유럽의 도시 발달 과정, 전통 중국 사회의 구조 등 같은 것 말이다. 결국 그의 연구 대상은 근대 서구 사회가 품고 있는 특별하고도 보편적인 힘, 그리고 그것에 내재된 문화적 가치의 정체였다. 그런데 후대의 학자들에게 베버의 연구 내용보다 더 큰 영향을 끼친 것은 매우 주관적으로 포착한 연구 대상이라 하더라도 그것을 철저히 객관화시켜 선명한 논증으로 정당화하려는 학문 탐구의 '방법'이었다.

왜 종교적 원천을 탐구하는가

여기까지 읽었다면, 본격적으로 『프로테스탄트 윤리와 자본주의 정신』의 내용을 살펴보기에 앞서 미약하나마 독자들도 이제 대략적인 구도를 잡았으리라 본다. 이제 한 발 더 들어가, 이 저작의 안과 밖을 넘나들며 베버의 문제의식과 사유 방식에 비판적 질문을 던져보자. 그리고 그의 입장에서 답변을 시도해보자. 먼저 살펴볼 지점은 서구 근대 문명을 만든 문화적 계기로서 근대 자본주의의 정신적 원천을 밝히기 위해, 왜 베버는 종교적 원천을 탐구하며, 특히 기독교 중에서도 개신교도들의 생활 윤리에 주목하는가 하는 문제이다.

근대의 합리주의와 자본주의에 담긴 근대성

"이제 발명할 수 있는 것은 모두 발명되었다." 이것은 미국의 특허청장이던 찰스 듀엘(Charls H. Duell, 1850~1920)이 1899년에 했던 말로 다소 비웃음을 섞어 널리 회자된다. 근대의 발전된 기술석 산물과 급격하게 늘어난 생산력에 고무되있던 19세기의 지식인들은 소박한 낙관주의로 미래를 전망했다. 그들은 눈부시게 발전하는 과학기술이 인류를 번영과 행복으로 인도할 것이며 인류 문명은 계속 진보할 것이라고 찬양했다. 하지만 21세기 이후에는 이런 주장을 거의 찾아볼 수 없다. 왜 그런지는 오늘날 근대 문명 내부에서 제기되고 있는 근대적 산물의 모든 것에 대한 총체적 '지속 가능성'에 관한 담론이 설명하고 있다. 현재 80억 명의 지구인들은 우리의 과거와 현재에 대해 더 많은 것을 알게 되었고 미래에 대해 더 많은 것을 예측할 수 있게 되었지만, 근대 문화의 발전 방식에 대한 불투명한 전망은 더 커지고 우려는 점점 더 고조되고 있기 때문이다. 100년 전 사람들은 21세기의 후손들이 자신들의 100년 뒤

문명의 번영과 존립에 대해 확신할 수 없는 상태가 될 수도 있다고 상상이나 했을까.

"우리는 답을 찾을 것이다. 늘 그랬듯이." 2014년에 나온 영화 「인터스텔라」에 나오는 유명한 대사다. 이처럼 또 다른 과학적 발견과 기술적 혁신, 그리고 도전으로 지구 문명이 안정적인 지속성을 확보하리라 낙관하는 이들도 많을 것이다. 이성에 대한 무한한 신뢰를 보내는 계몽주의 정신이 근대 문명을 일구어내는 정신적 토대의 한 축을 담당했다면, 그것이 만든 한계를 극복하고 돌파하기 위해서 우리는 다시 이성의 역할을 기대할 수 있으리라는 전망이다. 역사는 결국 진보하며 생산력의 증대를 통한 물질의 풍요는 인간의 근본적 물음에 대해서도 해답을 제시해줄 것이라는 확신은 인간만의 특성인 이성의 역량에 대한 신뢰에서 나오는 것이었다.

그런데 오늘날 베버가 살아 있다면 그는 근래의 이 장기적 시대 과제에 대한 그런 입장에 대해 어떤 의견을 제시할까? 상징적인 해인 1900년에 세상을 떠난 니체는 일찍이 과학 문명이 인류의 진보를 가져다줄 것이라는 계몽주의적 낙관론을 강하게 비판했다. 니체의 말처럼 우리는 19세기와 비교할 수 없을 정도로 풍요롭고 편리한 생활을 영위할 수 있는 물질 세계의 발전을 이루었지만, 어쩌면 더 근원적으로 행복을 갈구하고 생존을 걱정하며 삶의 의미에 대해 여전히 회의하고 있다. '신은 죽었다'고 외치며 서양 문명을 지배했던 이성 중심의 철학, 즉 인간의 이성적 능력을 절대화하는 전통이 사실 허구에 불과하다고 비판했던 니체를 베버는 일정 부분 계승하며 보편사적 시각에서 입각하여 특수한 현상을 환원적으로 해명하는 것을 거부했다. 그는 근대에 폭발적으로 성장한 물질 세계의 이면 또는 그 지반 아래에 도도히 흐르고 있는 문화와 윤리 영역의 가치가 만들어낸 실용적 변화에 대해 더 큰 관심을 가졌다. 다소 결론적으로 말하자면, 베버는 이것의 정체에 대해서 '합리주의'의 도래라고 진단했다. 그는 이 새로운 문화 조류로서의 합리주의가 인간을 둘러싼 세계를 주술적이며 신비적으로 이해하는 전근대 사회로부터 해방되는 결정적 계기로 작용했다고 보았다.

이런 인식을 가진 그에게 이제 새롭게 탐구할 필요성이 제기되는 대상은 바로 자본주의였다. 근대 자본주의는 경제적 질서뿐만 아니라 사회적 관계를 합리화하는 과정이 전 세계적으로 본격화되며 출현한 체제라는 것이다. 물론 베버가 자본주의에 대한 기초적 이해를 위해 우선 참조한 것은 마르크스의 자본 분석, 즉 자본가와 노동자의 모순적 관계라는 관점이었다. 자본주의 생산양식에 내재된 모순을 사유하는 변증법적이고 유물론적이며 동시에 과학적인 탐구를 표방한 것은 마르크스의 자본주의 이해 방법에서 핵심적인 것이었다. 21세기에도 그 영향력이 여전한 마르크스와 니체는 독일뿐만 아니라 19세기 서양철학의 중요한 전환을 상징적으로 보여주는 '사상의 거인'이다. 그들이 남긴 지성사적 영향력을 크게 인정했던 베버는 당대 철학 사유의 진실성을 평가하는 척도로 그들이 남긴 인식적 토대를 제시하기도 했다. 죽음을 얼마 남겨놓지 않은 베버는 한 제자와 대화하며 그들에 대한 존경심을 진지하게 드러냈다.

> 오늘날의 학자, 특히 철학자의 정직성을 판단하기 위해서는 마르크스와 니체에 대한 태도를 보면 된다. 그 둘이 없었다면 자신의 저술이 거의 완성되지 못했을 것이라고 인정하지 않는다면 그는 단지 자신과 남을 기만하고 있는 것이다. 우리의 정신세계와 지성계는 사실상 마르크스와 니체에 의해 구성된 세계다.[1]

그러나 그는 마르크스로부터 자본주의 탐구를 시작했지만

---

1 Wilhelm Hennis, Max Weber's 'Central Question', *Economy and Society*, 1983, 149쪽.

이제 '상품과 화폐'에서 출발했던 마르크스와는 전혀 다른 관점에서 자본주의의 시초를 대상화하고, 자본주의의 정신적 기원이 무엇인지 포착하려고 시도한다. 베버는 근대 자본주의 경제가 성립되고 확산하는 초기 과정에서는 정신적 토대, 즉 개신교 윤리가 필수적으로 필요했지만 경제 규모가 거대화되고 발전 속도가 급격해진 이후에는 이러한 종교적 원천이 소실되거나 망각되었다고 주장한다. 다른 사회 구조를 압도하는 지배적 체제가 되어버린 자본주의의 기계적 작동 방식에서 이러한 신앙생활 공동체 성격의 종교 윤리는 더 이상 영향력을 발휘할 수 없었기 때문이다.

이에 반해 마르크스주의적 해석은 프로테스탄티즘은 자본주의 초기 발전 과정에서 급격히 달라진 생산양식, 즉 급격히 늘어난 생산력과 기존 사회적 질서를 뒤바꾼 생산관계의 구조적 변화가 점차 사람들의 계급적 의식을 바꾼 것이라고 주장한다. '경제적 계급이 사회적 의식을 규정한다'라는 마르크스의 유물론적 인식은 정신적 가치의 변화나 문화적 변동은 경제적 토대 위에서 구축된 관념의 산물임을 강조한다. 물질문명의 결정체인 자본주의를 만들어가고 자본주의 경제를 움직이는 주체들의 관계를 분석할 때 그런 정신적 토대의 기능은 하등 필요하지 않다고 보기 때문이다. 하지만 베버는 이러한 선후 관계가 고정적이며 그것을 다시 연역적으로 해명할 수 있다는 입장은 실증적 타당성을 가질 수 없다고 비판한다.

> 우리는 필연적 역사 발전인 종교개혁을 경제적 변동 과정으로부터 연역해낼 수 있다는 주장에서 벗어나지 않으면 안 된다.(1부 3장)

'신성한 노동'과 물질적 성취를 만든 종교적 원천

마르크스와 니체를 경유하며 베버는 이제 문제의식을 더 구체적으로 다듬어갔다. 베버에게 있어 자본주의의 물질적 구조와 경제적 기원 혹은 마르크스가 강조한 '생산력'과 '생산관계'에 대한 분석만으로는 근대적 자본주의의 특성, 즉 자본주의의 근대적 가치, 특히 그것의 정신적 기원에 대해서는 접근할 통로를 찾을 수 없기 때문이다. 이런 점에서 앞서 설명했던 개신교 윤리에 대한 탐구는 베버의 가설을 구성하는 첫 관문이다. 영국과 미국을 중심으로 펼쳐진 초기 프로테스탄트, 즉 청교도들로 불렸던 이들 특유의 신앙적 순수성과 문화적 경건성이 개신교 윤리를 구성했던 종교적 원인이라면, 삶과 일의

카를 마르크스(왼쪽)와 프리드리히 니체(오른쪽)의 초상.

합리적 규제 그리고 부의 축적을 북돋우는 문화는 개신교 윤리의 결과물로 간주되기 때문이다. 이런 생각을 논리적으로 펼쳐보자면, 베버가 그들이 창출한 생산 공간의 독특한 규율과 소박한 생활양식이 근대 자본주의의 문화적 싹, 즉 '자본주의 정신'을 표현하는 특성이라고 전제하고 있음을 알 수 있다.

이처럼 베버는 청교도들이 실천한 근대적 윤리를 재구성하면서, 거기에는 새로운 구원론과 현세적 신앙의 전망에 의한 '지금'과 '여기'를 충실히 살아가는 삶과 일의 체계적 조직, 즉

종교전쟁

근대 유럽의 종교전쟁은 1517년 시작된 종교개혁으로 촉발되어 한 세기 넘게 유럽 사회를 휩쓸었던 기독교 내부의 전쟁, 즉 가톨릭과 개신교 사이의 물리적·문화적 종교 분쟁을 가리킨다. 1522년 처음 일어난 소규모 분쟁은 개신교로 개종한 기사들의 반란 수준이었지만, 1545년 가톨릭이 개신교에 대항하여 자행한 반동적인 종교개혁 이후에는 대규모 국제전으로 확장되었다. 그런데 여러 종교전쟁 이면에는 정치적·경제적 이권 다툼이 있었고 종교적 갈등은 명분에 불과한 경우가 대부분이었다. 1618년부터 1648년 사이에 잔혹하기로 유명한 '30년 전쟁'은 대표적인 종교전쟁이다. 당시의 적은 인구를 고려할 때 800만여 명이라는 전쟁의 사망자 수는 종교 갈등이 그 어떤 전염병보다 무서운 것이었음을 상기시킨다. 물론 이 대립에는 전제군주정과 중세 봉건 제도의 대립이라는 정치적 측면도 결부되어 있다. 이것을 끝으로 유럽에서 130여 년 동안 일어난 '피의 악순환'은 종결되는 줄 알았지만, 종교 갈등을 빌미로 한 유럽 내부의 전쟁은 그 이후에도 70여 년 가까이 계속 일어났다.

합리주의 문화가 구현되어 있음을 주장했다. 물론 그들이 추구한 신앙생활은 태생적으로 가톨릭이나 기존 기독교 습속과의 질적 차별성을 강조해야 하는 과제를 안고 있었기에 지역적 종파와 시대적 분파에 따른 특성화의 길을 걸을 수밖에 없었다. '프로테스탄트(Protestant)'는 그 이름에서부터 저항의 가치를 담고 있다. 1,500여 년 이상 이어진 가톨릭의 전통과 교황의 권위에 대항한 신교도들의 신앙 투쟁은 수많은 인명이 살상된 종교전쟁 이후에도 새로운 세계관의 창출로 계속될 수밖에 없었다. 1648년 베스트팔렌 조약 이후 종교의 자유가 법적

· Concept Word ·

베스트팔렌 조약(Peace of Westphalia)

1648년 5월 신성로마제국을 중심으로 유럽에서 일어난 최초의 국제전이었던 '30년 전쟁'이 종식된 후 두 차례에 걸쳐 체결된 평화 조약을 가리킨다. 이 조약에는 프랑스, 스페인, 스웨덴, 네덜란드를 포괄하는 신성로마제국 황제 페르디난트 3세와 각 동맹국의 제후들, 자유 도시의 대표자들이 참여했다. 이것의 결과로 '로마' 중심의 보편 기독교, 즉 천주교 제국이라는 전통이 붕괴되어, 네덜란드·스웨덴·프로이센이 독립하고 여러 종파들이 경쟁하는 '종교의 자유'라는 근대적 가치가 부상했다. 또한 이러한 평화 외교 회의 과정은 '근대 주권국가 시대'의 개막이자 근대적 국제법의 출발점으로 평가받는다. 이런 성격을 갖는 것은 '30년 전쟁'이 가톨릭과 개신교 사이의 대립으로 출발했지만 이후에는 양 종교 세력을 대변하는 부르봉 왕가와 합스부르크 왕조 사이에 연루되어 있는 각 국가들 사이 영토 전쟁의 성격을 띠었기 때문이다.

으로 보장되고 유럽 국가의 안과 밖에서 주권 체계가 확립되기 시작했지만, 신교도들에 대한 억압 차별은 여전히 존재했기 때문에 이후에도 오랫동안 신교도들은 삶의 새로운 규율과 경제적 토대를 구축하는 과정에서 선명한 문화적 차이를 확보하려는 경향으로 나아갈 수밖에 없었다.

청교도의 저항이 가진 보편성은 양심의 자유를 확보하고 모든 이들의 이름으로 인간의 기본권을 확장하려는 시도였다는 점에서 정당화할 수 있다. 이런 흐름에서 가장 두드러진 분파는 루터교, 침례교, 퀘이커교 등이었다. 물론 이 분파들의 역사적 영향력의 차이는 지역에 따라 극명하게 갈라졌다. 즉 영국과 미국에서 청교도가 긍정적 성과를 얻어 개인의 독립성에 기초한 자유주의가 거기서 꽃을 피운 것과는 대조적으로, 독일에서는 루터교가 비스마르크의 억압에 순응적으로 대처했다는 것이다. 베버의 평가를 따르자면, 루터교는 처음에는 급진적인 운동을 벌였지만 점차 혁신성을 잃어버린 후 기득권에 타협하고 소극적으로 대응하여 개인의 자유를 오히려 억압하는 결과를 가져오기도 했다. 이처럼 가톨릭의 횡포에 대항한 신교(新敎)의 깃발을 들었다고 해서 그들이 그 자체로 구태(舊態)를 청산할 수 있는 역사적 정당성을 필연적으로 확보한 것은 아니었다.

'자유'의 기원으로서 청교도 전통

일반적으로 직업을 바라보는 관점에는 세 가지가 있다고 한다. 생업으로서의 직업(job), 경력으로서의 직업(career), 천직이자 소명으로서의 직업(calling)이라는 구분이다. 먼저, 먹고살기 위해 어쩔 수 없이 하는 일은 생업으로서 인간 삶을 지탱하는 가장 기본적인 요소이지만, 생존과 가족 부양을 위해서만 돈을 벌어야 한다면 이미 그 일은 단지 생계 수단일 뿐이다. 둘째, 직업을 자신의 욕망을 이루기 위한 경력을 쌓는 과정으로 보는 관점에서는 지금의 직장이나 사업은 더 좋은 조건의 상황으로 이동하기 위한 징검다리일 뿐이다. 직장에서의 승진과 전문 분야에서의 성공을 위해 오늘날의 노동자들은 스스로 끊임없이 자기계발에 매진한다. 경력 관리를 위해 필요하다고 판단되면 아무리 지금 하는 업무가 적성에 맞지 않더라도 미래를 위해 하루하루를 버티기도 한다. 또한 이런 관점에서의 직업 활동에서는 직업적 성장을 위해 유난히 '프로 의식'과 '전문적 태도'가 강조된다. 셋째, 자신의 직업을 천직 또는 소명, 즉 신 또는 운명적 세계의 부르심에 응답하는 과정으로 보는 관점에서는 그 직업 활동을 통해 삶의 의미를 발견하고 그런 노동 문화가 모여 보다 더 나은 세상을 만든다고 생각한다.

전근대 사회에서 노동하는 자유인은 자신의 필수적인 생활 필요에 따라 노동 시간이나 성취 목표를 관리했다. 그들은 잉여 수입보다 더 적고 덜 힘든 노동에 관심이 더 많았다. 반면 내세의 영원한 행복을 희구하는 청교도들에게 노동은 현세의 생활 방식을 합리적으로 체계화하는 준거점이었으며, 이것이 바로 금욕적 프로테스탄티즘의 원천이라는 것이다. 그 프로테스탄트들에게 경건한 노동 윤리와 근검절약하는 금욕적 직업 활동은 성직자나 수도사에게만 해당하는 덕목이 아니라, 평범한 사람들도 일상생활을 통해 얼마든지 구원에 이를 수 있다는 삶의 규율에 대한 확신을 심어주었다. 그들에게 신에게 받는 은총의 핵심은 영원한 천국의 세계로 가는 구원의 보증이며, 세속 사회와 구별되는 종교적 생활에서 구원받을 자의 증거는 바로 금욕주의적 생활을 영위하는 것에 있다고 믿었기 때문이다.

중세 말의 가톨릭은 면벌부를 판매하며 그것을 통해 지은 죄를 사면해주는 것은 물론이고, 더 많은 돈을 내면 심지어 나 자신이 미래에 짓게 될 죄, 그리고 이미 죽은 가족과 친척들이 생전에 저지른 죄로 받게 될 벌까지 없애줄 수 있다고 사람들을 현혹했다. 자신이 죽은 후 과연 구원받을 수 있을지가 가장 궁금했던 신도들에게 칼뱅의 직업 소명설은 열심히 일해서 부자가 되는 것이 바로 구원의 증거라는 명쾌한 답변을 내놓았다.

'자본주의 정신'이라는 에토스는 실재하는가

에토스(ēthos)는 고대 그리스어에서 유래하여 오래전부터 사용된 학술 용어였지만 요즘에는 외래어로 일상에서도 사용되는 말이다. 고유한 성격, 집단적이며 문화적인 관습이나 습속, 관습적 특성 및 특질이라는 의미를 갖는다. 그런데 이것을 베버의 생각에 적용하면, 왜 동양에는 없었고 서양에서만 근대 자본주의라는 '보편사적 현상'이 등장했는지를 설명할 수 있다는 생각과 연결된다. 그가 자본주의 정신이라고 부르는 것은 개신교 문화를 보유한 서양의 고유한 에토스라는 시각이다.

그런데 이것은 단순히 동양에는 기독교 예배당과 성경이 없었기 때문에, 또는 권위적인 신앙 조직과 과도한 형식성을 배제한 개신교의 전파가 가톨릭보다 늦었기 때문에 자본주의가 발전하지 못했다는 편협한 주장이 아니다. 어떤 노숙자가 교회의 도움을 통해 새로 시작하려는 삶의 의지를 되새기며, 다시 매일의 노동을 시작하여 결국 경제적 자립을 이루어 사회의 일원으로 복귀했다는 소식을 들었다고 가정해보자. 어떻게 그런 일이 가능했다고 종교적으로 설명할 수 있을까? 그것이 교회나 교리 자체가 준 효과가 아니라면, 또한 개인적 결단이나 신앙적 결의도 아니라면, 탐욕을 경계하고 내면의 나쁜 습관에 대해 성찰하고 성실하게 노동하는 삶을 '선택'하도록 만든 것은 개신교 공동체 문화의 영향일까?

　　베버는 이 책의 서문을 아래와 같은 질문을 제기하며 시작한다. 자본주의 같은 보편적 문화 현상이 "오직 서구 문명에서만 나타났던 사실은 어떻게 하나의 흐름으로 연결되는 환경들에 한정될 수 있을 것인가"? 특히 20세기 초반 상황, 즉 동양에서는 이렇다 할 자본주의 국가가 부재하는 상황에서는, 서양 세력이 동양을 점거하고 지배한 근대 세계의 결정적 요인이 이 문제의 답변에 달려 있다고 해도 과언이 아니다. 베버도 지적하듯이 다른 문명의 지표들에서는 동양과 서양 모두에 비슷하게 존재하고 심지어 동양에서 더 빨리 더 깊이 발전한 분야도 있는데, 왜 자본주의만 동양에서 존립하지 못했냐는 것이다.

이에 대해 누군가는 자본주의 발전에는 더 많은 이윤과 영리를 좇는 욕심이나 충동이 필수적으로 필요한데, 그런 심리적 동기 부여나 외부 환경에서 동-서가 달랐다는 것이다. 그러나 베버는 그런 이익을 추구하는 충동은 역사의 어느 시대에서나 또 거의 모든 사람들에게서 찾을 수 있는 특징이기 때문에 자본주의가 왜 서양에서만 등장했는지 설명하지 못한다고 말한다. 오히려 그는 부에 대한 탐욕은 자신이 바라보는 근대 자본주의와 아무런 상관이 없으며, 더욱이 그런 비이성적 충동은 탐구하려는 핵심인 '자본주의 정신'과는 더욱 거리가 멀다고 주장한다. 베버가 서문에서 규정하는 자본주의의 특별한 점은 "합리적인 자본주의적 기업을 통해 지속적으로 추구되는 이윤과 수익"이라고 정리했다.

금욕주의가 전력으로 멀어지려고 한 대립적인 문화는 게으른 습관과 나태한 태도, 향락과 소비에 중독된 무분별한 삶이었다. 소명 의식을 가지고 성실히 직업 활동을 하여 성취한 부와 명예는 신의 축복이며, 재산이나 사적 소유물은 그들이 받은 은총의 무게를 보여주는 징표가 되었다. 정직한 노동을 통해 쌓은 부는 신의 소명에 충실하게 응답했다는 증거, 즉 '천국행 티켓'을 확보한 셈이 된다. 그들에게 경제적 풍요로움은 그 자체로 삶의 목적이나 달려들어야 할 목표로 수용되는 것이 아니라 규율 잡힌 삶을 통해 얻는 일종의 부산물일 뿐이었다.

베버는 이처럼 개신교와 자본주의의 놀라운 내적 연관성을 윤리적 가치 체계로 분석할 수 있다고 주장한다. 심지어 문명과 단절된 무인도에서 살아남은 로빈슨 크루소의 이야기에서도 프로테스탄트 윤리와 물질적 만족의 상관성이 강조된다. 최악의 조건에서도 희망을 버리지 않고 생존을 위해 성실하게 노력하면서도 원주민들에게 복음을 전도했던 그는 결국 그 충실한 삶에 대한 대가를 보상받는다는 것이다. 베버가 보기에 그 이야기는 프로테스탄티즘과 자본주의가 내적으로 어떻게 결합할 수 있는지를 보여주는 우화로 읽힌다.

물론 자본주의와 종교의 관계에 대해 치밀하고 상세하게 분석하려는 베버의 서술 방식이 대중 독자들에게는 너무 지루하거나 현학적으로 다가오기도 한다. 또한 그의 주장이 특정한 지역적 차원에 한정되어 있으며 역사 시기가 방만하게 구분되어 있기 때문에 지나친 일반화의 오류에 빠져 있다는 지적은 발표 당시부터 제기되었던 비판이었다. 그럼에도 불구하고 베버의 이 대담한 주장을 담은 논증 과정은 종교사 연구로

1917년 라우엔슈타인에서의 막스 베버.

시작해서 자본주의 정신의 본질에까지 이르며 여러 학문 분과를 넘나드는 사유의 전개를 통해 사회과학 연구방법론을 확장하는 전례가 되었다. 논의의 대상이 속한 범주와 다른 범주에 있는 현상도 인과관계 분석에서 얼마든지 원인으로 파악할 수 있음을 보여주었다는 점에서, 합리적 탐구 방식의 다양한 가능성을 열어주고 또한 그것의 필요성을 드러냈기 때문이다. 베버 이전에는 그 누구도 프로테스탄티즘과 자본주의라는 이질적인 것으로 보이는 두 범주의 상관관계에 대해 주목하지 않았다는 점을 기억할 필요가 있다.

한편, 근대 자본주의를 이끈 미국이라는 나라는 여러 이미지로 다가오는데 그것들은 때로는 부조화를 일으킨다. 누구에게나 부자가 될 수 있는 '아메리칸 드림'의 기회를 제공하고 부의 축적을 최고의 가치로 추구하여 여전히 첨단기술을 가진 선진 대기업들의 천국이지만, 오늘날 가난한 자들은 필수적인 의료도 지원받지 못하는 부의 양극화가 구조화된 나라, 다른 한편으로는 물신주의가 팽배해 인간성 상실이 만연한 나라이면서 동시에 세계 최고 부자들이 '부자 증세'를 주장하며 막대한 기부와 사회 환원을 펼치는 나라이기도 하기 때문이다.

2장

『프로테스탄트 윤리와
자본주의 정신』 읽기

개신교 분파들과 새로운 계층의 등장

여러 종파에 속한 사람들이 함께 거주하는 지방들의 직업 통계를 한 번 훑어보기만 해도, (……) 한 가지 현상에 주목하게 되는데, 그것은 자본가와 기업가뿐만 아니라 고급 숙련 노동자층, 특히 기술 및 상업 분야에서 좀 더 전문적 훈련을 받고 근대적 기업에서 일하는 직원 대다수가 개신교 신자인 경향이 있다는 것이다.(1부 1장)

베버는 이런 흥미로운 내용에 주목하며 책을 시작한다. 이 책은 단계별로 작은 논증들이 논의가 진행될수록 수십 겹의 층을 이루며 서로를 떠받는 구조를 이룬다. 베버의 이러한 복잡한 논증 과정은 크게 세 가지로 구분할 수 있다. 첫째, 이른바 '근대 자본주의 정신'을 파악하기 위해서는 먼저 개신교 윤리의 기원이 무엇인지 해명해야 하며, 이를 위해 루터교, 칼뱅교, 청교도의 구원론과 노동 윤리에 대해 알아볼 필요가 있다. 둘째, 그렇게 밝혀진 개신교 윤리는 세속적 금욕주의와 청교도적 생활 양식으로 요약할 수 있으며, 이것이 내부적으로 어떤 목표와 가치를 추구했는지 이해할 필요가 있다. 셋째, 이러한 개신교 신앙 공동체를 따르며 발생한 삶과 직업에 대한 태도 변화는 합리주의 문화를 어떻게 창출했는지 살펴봐야 하며, 윤리적 의미가 부여된 부의 축적은 결국 근대 자본주의 발전의 정신적 원천으로 작용했다고 주장할 수 있다. 즉 더 많은 재산을 소유하는 것이 신의 뜻이자 신의 은총이라고 믿게 된 그들의 조직된 활동이 근대 자본주의 발전 과정에서 핵심적인 문화 변동을 가져오는 데 기여했다는 것이다. 물론 이런 논증의 흐름은 전체적으로 두 개의 부, 다섯 개의 장으로 구성된 이 책에 중층적으로 펼쳐져 있다.

루터교, 칼뱅교, 청교도

먼저 중세 가톨릭에 대항한 각 개신교 분파들의 교리적 특징과 이 분파들이 지역별로 사회 변화에 끼친 영향을 시대순으로 살펴보자. 프로테스탄티즘 윤리의 담지자로서 먼저 거론되는 후보는 루터교(Lutheran Church)이다. 베버가 보기에 최초의 종교개혁가 마르틴 루터(Martin Luther, 1483~1546)의 사상을 따르는 16세기의 독일 루터교는 가톨릭으로부터 이탈하여 새로운 신앙관을 확립하려고 시도했지만, 앞서 언급했듯이 다시 전통주의로 회귀하는 보수적 성향을 드러냈다. 예를 들면 많은 폐단을 낳았던 고해성사 제도를 유지했고 '형제애'를 토대로 한 폐쇄적인 신앙 공동체 윤리를 유지했다. 그런데 무엇보다 루터교가 가톨릭과의 차별성을 가지고 사회 개혁으로 나아가는 데 실패했던 교리 중 하나는 개인적 선택을 제한하는 결정론적 시각이었다. 그들은 하나님이 개인적 삶에 합당한 소명(召命, vocation), 즉 각자의 부르심을 미리 결정해놓으셨기 때문에 자기 분수를 넘어서는 재화를 가지려고 하는 욕심은 죄악이라고 강조했다.

루터교는 돈으로 구원을 살 수 있다고 선전했던 당시 가톨릭의 극심한 타락을 엄격하게 비판했지만, 가톨릭과 마찬가지

독일 아이스레벤의 마르틴 루터 기념관의 루터 조각상.

로 구원과 경제 활동의 연관성에 대해서는 아무런 대답도 할
수 없었다. 이런 루터교는 시장에서 불특정 다수를 상대로 일
어나는 재화의 거래에 대해서도 그것은 비인격적 인간관계라
며 금기시했고, 전통적 경제 윤리를 벗어날 수 없었다. 베버가
보기에 결과적으로 루터교는 신도들이 스스로 자신의 삶을 재
구성하고 합리적으로 조직화하는 지속적인 동력을 가질 수 있
는 종교적 경험을 제공하지 못했다. 단지 쉼없이 기도하고, 죄
를 고백하며 용서를 구하고, 주어진 계명들을 수호하며, 자비

롭고 선한 행위에 동참하며, 구원을 믿고 기다려야 한다고 가르쳤다는 점에서 달라진 게 없었기 때문이다. 이처럼 중세 가톨릭은 상업 활동과 이윤 추구는 구원을 외면하고 자신들의 영혼을 위태롭게 하며 타인을 착취하는 인간 행위라고 보았고, 그것들을 성스럽지 못한 부정적인 것이라며 혐오했다. 오죽하면 '상인은 하나님을 기쁘게 할 수 없다'는 속담이 전해졌을까. 여기서 베버의 관심은 가톨릭과 개신교를 포괄한 기독교의 여러 종교적 신념이 삶을 체계적으로 조직화할 수 있는 동기를 어느 정도로 부여할 수 있는가, 그리고 경제 활동에 대한 심리적 보상을 신앙생활이 어떻게 보완할 수 있는가라는 점이다.

이어서 두 번째 후보는 루터보다 한 세대 뒤에 활동하기 시작한 프랑스 종교 지도자 장 칼뱅(Jean Calvin, 1509~1564)이다. 칼뱅교의 핵심 교리는 예정설 위에 서 있었다. 칼뱅은 먼저 구약성경의 신관을 수용하여 전지전능한 존재인 하나님을 절대적 초월자로 보았고, 그 하나님은 인간과는 최소한의 접점도 가질 수 없는 존재로 각인되었다. 또한 칼뱅교가 말하는 하나님은 오직 소수의 사람들에게만 구원의 은총을 내릴 것이라는 점을 이미 '예정'했으며, 대부분의 선택받지 못한 이들이 영원한 벌을 받을 것이라는 점도 미리 결정되어 있다는 교리를 내세웠다. 이처럼 이중적으로 예정된 사항들은 결코 변하지 않을 것이라는 점도 덧붙였다. 그런데 이것은 죄지은 자들이 용서를 구하고 사면받을 가능성 자체를 원천적으로 차단해버린 결과로 이어진다. 칼뱅주의 안에서는 아무리 독실한 신앙 생활을 영위하는 사람도 자신의 구원 여부를 확신하지 못하고 불안감과 절망감에 떨게 된다. 또한 칼뱅주의 성직자들도 하나님과 평신도를 매개할 수 있는 특별한 지위를 상실하게 되어, 그들은 평신도를 이끄는 영적 지도자로서의 권위를 더 이상 누릴 수 없었다. 따라서 16세기 칼뱅교의 신자들은 숙명론에 빠져 고립감과 극도의 불안감에 휩싸였다. '구원받은 자에 속하는가'라는 물음에 스스로 답할 수 없는 그런 신앙 생활은 결국 이 회의감과 비참함을 어떻게 극복할 것인가라는 과제를 낳을 수밖에 없기 때문에 이 교세는 아주 제한적으로만 확장할 수 있었다.

베버의 프로테스탄트 윤리 탐색에서 세 번째 후보는 영국 국교회에서 파생된 '청교도'였다. 16세기 후반에 시작해 17세기에 교세를 키운 청교도는 칼뱅주의로부터 예정설의 영향을 받았지만 다른 프로테스탄트 종파와는 달리, 직업 노동을 중시하고 돈을 벌어 재산을 축적하는 것을 구원론과 연결짓는 교리를 전면에 내걸었다. 청교도 지도자들은 노동을 하나님이 부과한 명령으로 받아들였고, 이렇게 신성시된 매일의 노동 자체를 하나님께 영광을 돌려드리는 것으로 해석하여 심지어 성령

마르틴 루터(왼쪽)와 장 칼뱅(오른쪽)의 초상.

안의 노동은 삶의 목적이라고 주장했다. 그들은 체계화된 노동을 통해 부를 추구하며, 모범적으로 권장할 수 있는 덕 있는 행실과 검약한 생활을 통해 누구나 구원받을 수 있다고 주장했다. 또한 청교도 신자들은 '일하지 않는 자는 먹지도 말라'라는 사도 바울(Paul)의 말을 강조하며 재산 유무에 상관없이 근면과 절제가 중요하다고 강조했으며, 합리적으로 행해지는 직업 노동은 주님의 명령이라고 설파했다.

그런데 여기서 중요한 것은 노동, 재산, 덕스러운 행실에 대한 청교도의 강조가 사회적 공동선이나 공익적 가치를 지니기 때문에 정당화되지 않고, 오직 신적 세계의 섭리 또는 신의 명령으로 이해되었다는 점이다. 구원받을 수 있다는 확신의 힘은 생각보다 훨씬 강력했다. 세속적 삶의 변화를 통해 영원히 하나님의 곁에서 살아갈 수 있음을 '보증'받을 수 있다는 그 작지만 강력한 믿음은 물질적 풍요를 바라는 인간의 보편적이며 이기적인 욕망을 자극하는 방식으로 이루어졌던 전통적인 경제 관계를 바꾸어가는 심리적 동력으로 작용했다. 또한 이것은 실용적으로 봤을 때도 효과가 뛰어난 규율이었다. 강도 높은 노동은 그 자체로 불안과 무력감을 극복하여 삶의 낭비를 가져오는 이기적 탐욕과 온갖 혼탁한 유흥에 빠지는 것을 방지하는 역할을 하기도 했고, 노동 활동 자체가 '나는 구원받은 자에 속한다'는 믿음을 확신하게 하는 능동적 활동으로 기능하여 그들만의 특별한 자존감을 육성했다. 그에 따라 구원에 대한 의심을 잠재우고 불안감이나 도덕적 행위의 인정에 대한 무력감도 해소할 수 있다는 점에서 직업 노동을 성실히 수행하자는 교리는 종교적으로 더욱 중요한 의미를 가지게 되었다.

이처럼 청교도는 하루하루의 생활에 임하는 일상적 태도나 일할 때 드러나는 말과 행동에서 가톨릭이나 다른 개신교 분파와 선명히 구별되었다. 그들은 금욕주의적 성향과 질서 잡힌 생활 습관을 강조하며 자신의 삶에 안정성과 연속성을 부여했다. 결과적으로 청교도는 부 자체를 추구하는 저속한 방식이 아니라 재산 축적이라는 도구를 통해 하나님 나라 건설에 스스로 참여할 수 있다는 적극적 신앙생활을 정당화했다. 그들에게 성실한 노동으로 쌓은 부는 신국(神國)의 토대이자 거기에 존귀함을 표출하는 수단이 되므로 그 자체로 신성한 것이며, 피조물이 겪는 빈곤과 결핍은 창조주를 욕되게 하는 것으로 간주되었기 때문이다. 만약 청교도 신자들에게 '당신들은 왜 그렇게 열심히 일하고 돈을 벌며, 그 돈을 그저 저축하려고만 합니까'라고 묻는다면 그들은 이렇게 답할 것이다. 기독교의 오래된 문구처럼 '하나님의 더 큰 영광을 위하여' 그것은 우리가 꼭 해야 하는 일이라고 말이다.

그런데 베버는 청교도의 이런 성실을 강조하는 노동관과 축재(蓄財)를 정당화하는 교리 자체를 바로 근대 자본주의 정신과 섣불리 연결짓지 않는다. 단지 이것은 특정 분파의 신앙생활에서 몇 가지 특징적인 요소들을 강조한 것일 뿐, 합리주의적 경향을 강하게 띠는 정신적 가치의 단면을 이룬다고 하기에는 다소 불완전하기 때문이다. 그가 청교도 윤리를 통해 더 중요하게 해명해야 할 것이라고 본 것은 제2부 1장의 제목처럼 '세속적 금욕주의'와 '체계적이고 합리적으로 조직된 생활 양식'의 기원을 설명하는 것이었다.

그래서 단지 예비적인 논의만 하는 이 장에서 더 이상 사례를 들 필요는 없어 보인다. 지금까지 살펴본 몇몇 사례들은 모두 한 가지 사실을 보여주는데, 그것은 개신교를 통해 깨어난 것으로 보이는 그 정신을 '노동의 정신' 또는 '진보의 정신' 또는 그 밖에 다른 어떤 것으로 부르든지 오늘날 많은 사람들이 그러하듯이 '세속성' 또는 어떤 '계몽주의적인' 의미로 이해해서는 안 된다는 것이기 때문이다. 루터, 칼뱅, 스코틀랜드의 종교개혁가였던 녹스, 네덜란드 개혁 교회 신학자였던 푀티우스 등에 의한 초기 개신교는 오늘날 '진보'라고 부르는 것과 사실상 별 관계가 없었다. 초기 개신교는 오늘날 가장 극단적인 종파들조차도 없어서는 안 될 것으로 여기는 근대적 삶의 모든 측면에 대해 숨김없이 적대적이었다.
따라서 굳이 초기 개신교 정신의 어떤 특성과 근대 자본주의 문화 사이의 내적 친밀성에 대해 말하려면, 원하든 원하지 않든 그것에 내재된 다소 물질주의적이거나 반(反)금욕적인 '세속성'에서가 아니라 순수하게 종교적인 특징들에서 찾아야 한다.(1부 1장)

베버가 주석에서 다룬 것을 중심으로 좀 더 살펴볼 지점
이 있다. 그것은 서로 다른 성격이나 방향성을 가진 여러 개신
교'들'의 종교적 합리화가 어떻게 근대 자본주의 정신이라는
칭호를 독차지할 수 있을까라는 물음이다. 물론 베버는 이 책
에서 결론적으로, 하지만 여기서는 가설적으로 자본주의 정신
이라고 하는 문화적 경향을 이끌어간 것으로 직업 윤리를 염
두에 둔다. 그런데 그는 더 정밀하고 엄격한 논증 과정을 통해
개신교의 직업 윤리가 근대 자본주의 정신의 요체를 이루게
된 것인지를 증명할 필요성이 있다고 생각했다.

베버는 자본주의 사회에서 성공한 부자들의 공통점에 주
목하면 그들이 거의 대부분 개신교도라는 점을 발견할 수 있
다고 지적했다. 당시 산업화가 더 많이 진행된 독일의 일부 지
역에서 재산이 많은 사람들을 살펴보면 개신교 신자들의 비율
이 가톨릭에 비해 압도적으로 높다는 것이다. 이 현상은 바덴
지역의 통계 자료로 뒷받침되는데 그것은 그의 제자인 마르틴
오펜바흐가 조사한 것이었다. 물론 여기서 베버는 이 현상의
원인으로 두 가지 가능성을 전제한다. 첫째, 원래 부유했던 사
람들이 개신교를 믿게 되었다는 가설이다. 둘째, 원래 개신교

도들인 사람들이 점점 경제적으로 부유해졌다는 가설이다.

먼저 베버는 경제적으로 성공한 사람들이 개신교를 믿었기 때문에 부유해졌다는 첫 번째 주장은 합당하지 않다고 지적한다. 전자가 정당화되려면, 먼저 '왜 부자들은 가톨릭 신자로 계속 살지 않고 개신교를 선택했나'는 물음에 설득력 있는 근거를 제시해야 한다. 아마도 대부분의 사람들은 이 물음에 대해 전통적 규율이 경제 활동이나 일상을 통제하는 가톨릭의 종교 문화보다는 전통의 혁신을 시도하는 개신교를 따르는 것이 자본주의 사회에서 성공하기에 더 적합하게 보였고, 그래서 원래 부자들 중 개신교로 전향한 사람이 많지 않았을까 추론할 것이다. 물론 이 추론이 맞으려면 개신교보다 가톨릭의 생활 규범이 더 엄격하고 더 예속적이어서, 경제 활동에서도 더 부자유하다는 점이 전제되어야 한다. 그런데 규율에서나 교리적 차원에서나 사실은 정반대라고 볼 수 있다. 개신교의 개혁 명분에서 가장 중요한 점은 가톨릭이 '성경대로 가르치지 않는다'는 것이었기 때문에 기독교 안에서 개신교로 종파를 바꾼다는 것은 기독교 신앙 자체를 거부하거나 배신하는 도발적인 것이 전혀 아니었다. 또한 개신교를 믿는다는 것은 더욱 '근본'적인 성향을 가진 소수파로 되돌아감을 지지하는 것이었으므로, 흔히 하는 오해처럼 개신교를 믿으면 세속 사회로 더욱 과감하게 뛰어들어가 돈을 모을 수 있는 것과도 거리가 멀었다. 개신교가 애초 거부한 것은 성경의 말씀에 의거하지 않는 신앙생활을 교회의 권위를 통해 강제하는 것이었지, 자유로운 경제 활동을 억압하는 기독교 전통이 아니었다.

또한 베버는 당시 독일 교육 기관에서 가톨릭과 개신교 비율의 차이, 수공업 장인(匠人)의 삶에 안주하려는 가톨릭 신자들과 대체로 공장에 고용되어 승진하기를 원하는 개신교 신자들의 입장 차이를 비교하는 등 일반적 추측과 다른 여러 논거를 들며 첫 번째 주장을 반박한다. 개신교를 선택한다는 것은 신앙의 영향권 안으로 보다 더 깊숙이 들어가겠다는 뜻이며, 보다 더 성경적인 가르침에 따라 삶의 문법을 바꾸겠다는 다짐이라는 것이다. 그에 따르면 원래 부유하던 사람들이 덜 엄격한 실천을 가르치는 개신교를 선택해서 더 부자가 되었고, 결과적으로 부자들 중 개신교도의 비율이 늘었다는 주장은 설득력을 잃는다.

> 종교개혁은 삶 전반에 대한 교회의 지배를 배제하는 것이 아니라, 그때까지의 삶의 형식을 다른 형식으로 대체함을 뜻한다.(1부 1장)

경제적으로 발전된 지역에서 일어난 종교개혁가들이 비난했던 것은 삶에 대한 교회적·종교적 지배가 과다하다는 입장이 아니라 (오히려) 부족하다는 것이었다.(1부 1장)

위에서 말한 두 번째 가설, 즉 원래 개신교도들인 사람들이 점차 부자가 되었다는 주장이 정당화되려면 어떤 논거가 필요할까. 당연히 개신교를 믿으면 어떤 면에서 부자가 될 수 있는지 설득력 있는 답변을 제시해야 할 것이다. 베버는 여기서 다시 두 가지 경우를 상정한다. 먼저 개신교 신앙생활과 직접 관련이 없는 당대의 역사적이며 정치적인 상황의 특성을 들어 답변하는 방법이 있다. 다른 방법은 개신교 신앙생활이나 교리 자체의 성향에서 기인하는 경제생활의 장점을 근거로 활용하는 것이다.

그런데 전자를 뒷받침하는 전제에는 개신교 종파가 자신들의 부족한 정치적 영향력을 확대하려는 시도들이 좌절되자, 그 대안으로 경제적 영향력을 확대하는 것을 선호했다는 점이 포함된다. 이에 대해 베버는 그런 주장을 하는 사람들이 근거로 삼는 자료의 설득력이 떨어진다고 지적한다. 왜냐하면 그들이 주로 예시로 드는 자료는 가톨릭에 비해 개신교가 훨씬 적은 영국이나 네덜란드의 통계였기 때문이다. 반면 종교개혁이 처

음 시작된 곳이 독일인 만큼 다른 유럽 국가들과 달리 독일의 개신교 비율과 사회적 영향은 가톨릭에 비해 근대 이후 줄곧 다수파를 차지해왔다. 그렇다면 이미 정치적 영향력이 상대적으로 컸던 독일 개신교도들은 경제적 주도권이라도 확보하려는 성향을 가질 요인이 부족할 것이고, 결과적으로 독일 부자들 중 가톨릭의 비율이 더 높게 나오는 것이 합당하다. 그럼에도 불구하고 독일에서 부유한 개신교 신자들이 부유한 가톨릭 신자보다 더 많다는 자료를 어떻게 이해할 수 있을까. 이것은 역사적이며 정치적인 측면을 동원하여 개신교 부자 집단의 인과관계를 증명하는 것, 즉 종교적 차이의 외재적 요인으로 설명하는 방식이 타당하지 않음을 의미한다.

그렇다면 남은 선택지는 하나밖에 없다. 개신교 내부의 특성을 통해 자본주의 사회에서의 경제적 성취가 어떻게 가능한지를 밝히는 것이다. 그렇다면 베버가 강조한 개신교 특유의 '지속적인 자체의 내적 특성'이 대체 무엇이길래, 자본주의적 이윤 추구 활동을 촉발하고 성취하게 만드는가? 개신교 신앙의 어떤 내부 요인과 영리 추구와 재산 축적에 유리하게 생활하도록 행동 특성을 조직하는 것의 인과관계는 무엇인가? 이 질문에 대한 답변은 아마도『프로테스탄트 윤리와 자본주의 정신』을 읽는 독자들이 가장 궁금해할 것이자 베버의 연구가 초점을 맞추는 부분이다. 물론 이런 관점은 베버만의 것이 아니라 그가 살던 당시 다른 학자들도 주장하던 것이었다. 대표적으로 앞서 언급한 오펜바흐는 바덴 지역을 연구하면서, 가톨릭은 상대적으로 비세속적인 생활을 강조하는 데 비해 개신교는 세속적 생활이나 물질 추구의 가치를 강조하는 특징이 있기 때문에 개신교 신자들이 자본주의에 적응하기가 더 수월했다고 보았다. 그의 주장을 요약하면 가톨릭은 '편히 자는 것'을 바라고 개신교는 '잘 먹는 것'을 원한다는 것이다.

그러나 베버는 이런 시각을 반박한다. 더 실질적으로 들여다보면 전혀 그렇지 않은데, 여기에는 구교와 신교의 차이에 대한 편견이나 오해가 반영되어 있다는 것이다. 즉 가톨릭은 경건함을 강조하기 때문에 세속적 쾌락을 멀리하라고 가르치지만, 개신교는 생활 규범이 비교적 자유분방하기 때문에 누릴 수 있는 쾌락에 대한 심리적 장벽이 낮다는 것이다. 베버가 보기에 이런 도식적 인식은 가톨릭과 개신교의 여러 분파들 모두에게 일반화할 수 없고 양자의 차이를 적합하게 설명하지 못하는 것이었다. 또한 예상되는 반론을 충분히 검토하며 논지를 전개하는 베버는 이런 재반박의 가능성에 대해서도 검토한다. 예를 들면, 세속 활동에 대해 보수적이고 물질적 가치에 대해 배타적인 입장을 갖고 있던 초기 개신교에 비해, 여러 세대를 거치며 그런 경향의 한계를 경험하고 자본주의 시대의 부상을 맞이한 후속 개신교의 입장은 많이 달라진 것이 아니냐는 의견이다. 이에 대해 베버는 개신교 내부에서 일종의 반작용이나 역반응이 일어났다고 보자면 일견 설득력이 있어 보이지만, 이것도 반례가 되는 구체적 사례들을 들며 부적절한 주장에 불과하다고 진단했다. 개신교 단체나 개인들 중 투철한 신앙심에 따라 엄격한 생활 신조를 유지하면서 동시에 영리 추구에 탁월한 기업가적 감각을 발휘하는 경우들이 많이 있기 때문이다. 이처럼 개신교에 대한 일반화의 오류를 낳을 수 있는 오해에 대해 그는 심지어 이율배반적으로 전도된 측면이 있다는 의견까지 드러낸다.

> 심지어 (개신교 분파가 보여주는) 비세속성, 금욕, 종교적 경건성과 자본주의적 영리 활동에 대한 부정적인 시각은 오히려 자본주의에 대한 친근성으로 뒤바뀐 것이 아닌가 하는 생각마저 든다.(1부 1장)

뒤에 더 분명히 제시될 이 책의 결론을 염두에 두자면 이 언급은 의미심장하다. 이처럼 그 인과관계를 선뜻 지각하기 어려운 개신교의 내적 특성과 경제적 부유함 사이를 매끄럽게 연결하기 위해서, 그는 그 관계의 가운데에 놓일 수 있는 어떤 매개적 개념을 정식화해야 할 논리적 필연성을 보여주고 있기 때문이다. 그가 개신교 윤리의 핵심으로 지목하는 직업 윤리의 정체가 무엇이며, 대체 그것이 어떻게 작동했길래 부유한 개신교 부르주아 계급을 형성했으며 궁극적으로 그것을 통해 어떻게 근대 자본주의 정신을 주장하려고 하는 것일까? 성격이 급한 독자들을 위해 그 결론에 대해 미리 귀띔하자면, 그것은 앞서 살펴본 루터로부터 시작했던 '직업 소명'과 칼뱅의 '예정설'을 토대에 두고 점차 형성된 개신교의 '세속적 금욕주의의 직업 윤리'라고 할 수 있다.

종교 생활 밖의 특성이 아니라 신앙 안의 특성, 즉 가톨릭에 비해 개방적인 문화를 갖고 있는 것으로 흔히 오해되는 이 개신교의 내부적 특성이 바로 자본주의 정신을 낳은 요체라는 것이다. 왜냐하면 개신교 신앙생활을 둘러싼 비종교적 특성이 직접 자본주의 발전을 가속화했거나, 개신교의 어떤 분파들이 본질적으로 자본주의 친화적인 세속성을 추구했거나, 개신교 신앙 자체가 합리주의를 숭상하는 근대적 가치를 담보하고 있는 것이 아니기 때문이다. 베버의 주장에 따르면, 앞에서 열거한 것들은 모두 근대 자본주의 정신의 원인이 될 수 없다. 또한 개신교도들이 자본주의 정신을 선험적으로 예견하여 주체적 의지를 갖고 직업 윤리를 기획하거나 의도적으로 실천한 것도 아니다. 즉 근대 자본주의 정신이 처음부터 개신교 주위에 내재해 있던 것이 아니라, 기독교 신앙의 경건성과 순수성을 강조한 새로운 종교 운동인 개신교 내부의 논리가 핵심적 원인이다. 근대 자본주의 정신은 원인이 아니라 베버가 '세속적 금욕주의'와 '직업 윤리'로 집약한 것의 결과이기 때문이다.

자본주의 '정신'이란 무엇인가

독특한 에토스

필자는 이 논문의 제목에서 꽤 도전적으로 들리는 '자본주의 정신'이라는 개념을 사용했다. 그렇다면 우리는 이 개념을 어떤 의미로 이해해야 하는가? 그런데 이 개념을 '정의'하려고 하는 순간 즉시 이 논문의 목적과 관련된 난관에 부딪히게 된다. 이 개념의 본질을 알아내고자 하는 것이 바로 이 논문의 목적이며 논의가 종료되었을 때에 비로소 이 개념에 대해 정의 내리는 것이 가능하기 때문이다.

이 용어의 사용에 어떤 의미를 줄 수 있는 대상이 발견된다면 그것은 역사적 현실 속에 존재하는 '하나의 역사적 개체', 즉 문화적 의의라는 관점에서 개념적으로 결합될 때 전체 의미를 가지는 것이다.(1부 2장)

1부 제2장 제목 "자본주의 '정신'"에 암시되어 있듯이, 베버는 '자본주의'보다 '정신'이란 단어에 더 핵심적인 의미를 부여하고 있다. 그는 당시 자본주의 체제의 원리보다 자본주의를 가능케 했던 정신적 기원을 해명하는 것이 자신의 핵심적 '문제 제기'(1부 전체의 제목)라고 강조한다. 물론 여기서 베버가 말하는 정신은 전근대 사회 어느 나라에나 있었던 돈에 대한 욕망이나 사적 소유에 대한 집착 같은 비합리적 수준의 의지가 아니라, 의식적이고 지속적으로 추구할 수 있는 정신적 가치들의 관계라고 할 수 있다. 절제와 질서 없는 어떤 정신 상태는 특정한 개인들의 지속 불가능한 문제일 뿐이며, 더군다나 베버가 말하는 이 정신은 물질적 가치에 사로잡힌 수동적 상태를 가리키는 것이 아니기 때문이다.

또한 '자본주의 정신'에 대한 흔한 오해는 지금도 매체나 일상에서 들을 수 있는 것이다. 바로 '자본주의 정신'을 '자본가 정신'으로 한정하여 이해하는 경향인데, 이것은 베버 당시에도 만연해 있던 것이다. 19세기 초반의 경제학자이자 사회학자인 브렌타노(Lujo Brentano, 1844~1931)는 그 '정신'의 기원에 대해 가톨릭이라고 주장했고, 앞서 언급했던 좀바르트는 유대교를 가리켰다. 좀바르트는 베버가 '자본주의 정신'을 구체화하는 데 영향을 준 인물이지만, 동시에 그의 주장에 대한 가장 강한 비판자이기도 했다. 베버가 보기에 그들이 해명하려고 한 '자본가 정신'은 근대에 한정된 가치가 아니라 어느 시대에나 발견되는 '이윤 추구의 욕망'일 뿐이었다. 그래서 그들의 논리를 따르면 근대 자본주의 사회는 수백 년에 걸친 근대화 과정에서 발생한 서양 문명의 특징적인 현상이라고 할 수 없게 된다. 더군다나 '자본주의 정신'을 '자본가 정신'으로만 해석했을 때 남는 문제는 '자본가 정신'을 구성하는 가치가 무엇인지를 논증하는 것이 아니라, 그것을 이끈 집단적 주체가 누구인지를 지목하는 것으로 귀결된다.

앞에서 인용한 제1부 제2장 첫머리에서 봤듯이, 베버는 자본주의 '정신'을 개념적으로 정의하지 않고 '잠정적으로' 그 정신을 '아무런 선입견 없이' 보여주는 어떤 대상을 예시해보겠다고 하며 대뜸 글 한 대목을 옮긴다.

시간이 돈이라는 것을 명심하라. 하루 일해서 10실링을 벌 수 있는데 하루의 절반을 산책하거나 방에서 빈둥거리며 보낸 사람은 그런 것들을 즐기는 데 6펜스밖에 쓰지 않았다고 해도, 단지 그 돈만 비용으로 계산해서는 안 되기 때문에 실제로는 5실링을 더 쓴 것이거나 내다버린 것이다.

신용이 돈이라는 것을 명심하라. (……) 돈은 번식력과 증식력이라는 본성을 갖고 있다는 것을 명심하라. (……) 속담에서 말하듯이 돈을 제때 잘 갚는 사람은 모든 사람에게 있는 돈지갑의 실질적인 주인이라는 것을 명심하라. (……) 자신이 하는 모든 일에서 근면성실한 것과 절제하는 것 외에 정해진 시간을 정확히 지키는 것과 정직한 것만큼 젊은 사람이 출세하는 것을 보장해주는 것은 없다. (……) 지금 너에게 있는 모든 것을 너의 재산이라고 여기고 거기에 따라 사는 일이 없도록 주의하라.(1부 2장)

독자들도 예상했겠지만 이런 인생 철학을 설파하는 사람은 벤저민 프랭클린이다. 베버는 작가 퀴른베르거(Ferdinand Kürnberger, 1821~1879)의 표현을 빌려와 이것에 대해 "소들에게 우지를 짜내고 사람들에게 돈을 짜낸다"고 평가하며, 이 '탐욕의 철학'은 '자본 증식에 대한 관심'을 모든 인간의 '의무'로 보고 있다고 인식한다. 그런데 베버가 보기에 프랭클린의 이 가치관은 단지 처세술이 아니라 독특한 '윤리'라는 점에서 이해해야 하는 것이다. 그 규범들을 어기는 것은 단지 어리석은 짓에 그치는 것이 아니라 의무를 망각한 행위로 취급하기 때문이다. 그래서 그가 보기에 이 글이 가르치고 있는 것은 성공한 기업가의 흔해빠진 '사업 비결'이 아니라, 하나의 '에토스'라고 한다. 이것은 고대 그리스어 'êthos'에서 유래한 말로 일반적으로 '특질'이나 문화적 '관습'을 뜻하는데, 수사학에서는 그 사람만의 고유한 성품이나 스타일을 만드는 여러 특징들을 가리키기도 한다.

이런 점에서 베버는 여러 지역에 있던 자본주의와 근대적 자본주의 사이의 차이는 바로 후자에게만 그것을 특징짓는 '에토스'가 있다는 데 있다고 강조한다. 그래서 그는 '근대 자본주의를 발전시킨 원동력'은 그 이전 시대에 이루어진 자본 축적이 아니라 '자본주의 정신'의 발전이라고 주장한다. 물론 이 자본주의 '정신'은 단지 '이익 추구'의 원리나, 돈을 최고의 가치로 여기며 숭배하는 황금만능주의나 배금주의가 아니다. 그것은 오히려 합리적이며 체계적인 경제생활이나 경영 활동을 비합리적으로 산출하는 독특한 에토스라고 할 수 있다.

베버는 금욕주의와 결합한 개신교 직업 윤리가 멸시당하고 차별당하는 고난의 과정을 거쳐, 결국 살아남을 수 있었던 원동력에 대해 고찰하고 그것을 두 가지 가설로 제시한다. 첫째, 종교 영역 외부에서 강조되는 입장으로 계몽주의(啓蒙主義, Enlightenment)를 중시하는 것이다. 둘째, 근대 자본주의의 직업 윤리가 지속될 수 있었던 배경으로 더 중요한 동력은 종교 영역의 내부에 있다는 입장이며, 그것의 핵심에 베버가 분석했듯이 개신교 분파들이 추구했던 직업 소명 의식이 있다고 본다.

먼저 근대 계몽 정신에서 이 직업 윤리가 파생되었다는 관점은 근대적 사회 변화의 모든 부문에서 합리화를 이루어낸 공로를 (인간 이성에 대한 긍정을 통해 역사의 진보를 신뢰했던 거대한 사상 조류인) 계몽주의로 돌리는 것이 합당하다고 본다. 물론 베버도 근대 자본주의 정신의 형성과 일상생활을 포함한 거의 모든 사회적 영역을 합리적으로 구성하는 과정에 계몽주의가 끼친 절대적 영향력을 인정했다. 특히 계몽주의는 사회 곳곳에서 전통적 권위라는 명분으로 비합리적인 문화가 강요되는 것이나 기독교 신앙생활에서의 특권적 지위를 부정하고, 합리적 사고를 일관적으로 적용하여 인간의 주체적 행위가 가진 가능성을 옹호했다는 점에서 근대 사회의 핵심어 중 하나라고 할 수 있다.

그런데 계몽주의적 가치 체계에 베버의 문제 틀을 적용한 다면 앞에서 언급했던 개신교의 직업 윤리와 전혀 다른 답변을 듣게 된다. 즉 축적한 부를 소비하며 자유로운 삶을 구가하지 않고 긴장감을 유지하며 성실하게 일하려는 태도는 계몽주의적 세계관에서는 아주 비합리적이고 비효율적인, 그래서 유용하지 않은 삶의 자세로 보일 것이기 때문이다. 직업 노동 자체를 소명으로 보는 관점은 세속적 쾌락에 거의 무관심한 금욕주의적 성격이 극대화된 것일 뿐이라는 핀잔을 들을 수도 있을 것이다. '당신은 왜 돈을 버는가'라는 물음에 아마도 근대 초기의 계몽주의자는 나 자신과 가족의 생활을 영위하고 자아실현 활동을 통해 삶의 질을 높이기 위해서는 돈이 계속 필요하기 때문이라는 답변을 할 것이다. 반면에 어느 청교도 신자는 오직 성실하게 일하고 그것으로 저축하는 것이 내 삶의 불가결한 의무이며 그것을 통해 나는 구원받을 수 있다고 믿기 때문이라는 답변을 할 것이다.

이처럼 베버가 말하는 직업 윤리에 계몽주의가 직접적인 연관성을 갖는 것은 아니지만, 계몽주의가 추구한 이성적 합리성을 떼놓고 근대 자본주의 사회의 구조를 설명하거나 직업 윤리를 정당화할 수 없다는 점에 유의할 필요가 있다. 그렇지만 베버는 계몽주의만으로는 근대 자본주의 경제 구조를 설명하거나, 그 경제 활동의 근간을 이루는 금욕적 특성을 제대로 이해할 수 없다는 점을 강조한다. 베버의 "한 사회의 구조는 그 사회에 적합한 세계관을 형성한다"라는 말처럼 계몽주의적 근대 질서에 가장 적합한 경제 구조는 자본주의였다는 점을 인정하더라도, 반드시 그 원리가 역사적으로 실현되는 것은 아니기 때문이다. 또한 계몽주의와 자본주의가 친연성을 갖는다고 해도, 어떻게 근대 자본주의라는 독특한 세계를 향해 필연적으로 이행할 수밖에 없었는지 설명할 수 없다는 점도 지적될 수 있다.

이러한 반박에 대해 계몽주의를 강조하는 입장에서는 다시 이렇게 재반박할 수 있다. 즉 역사적 현실이 자본주의적 구조로 이미 변화하고 있는 상황에서 영리를 추구하는 활동이 널리 인정되고 경제 활동이 활성화되면, 일반적으로 전통에 대해 가장 보수적인 입장을 갖는 종교 영역에서도 서서히 이 변화를 수용하는 방향으로 교리를 수정하는 경우가 발생하지 않겠냐는 것이다. 하지만 베버의 논지를 따르자면, 이윤 추구 활동을 윤리적으로 정당화하고 사회적으로 인정할 수 있게 된 결과를 결코 계몽주의 덕택이라고 주장할 수는 없다. 계몽주의의 영향으로 사회 구조가 더 자유롭고 더 평등하게 합리화되더라도 돈벌이 행위 자체를 긍정하고 정당화할 수 있는 윤리적 토대가 자동적으로 구축되지는 않기 때문이다. 예를 들면, 기독교에서 금기시했던 이자 수익을 얻으려는 행위는 근대 초기 각계각층에서 일어났고 암묵적으로 용인되었지만, 여전히 개인과 교회가 노동하지 않고 버는 소득, 즉 불로소득은 정당화되거나 환대받지 못했다. 지금의 자본주의와 달리, 베버가 분석하는 근대 자본주의는 합법적이라면 모든 방법과 수단을 동원하여 수익을 남기는 것은 '부끄러운 짓'이 아닐 수는 있다고 믿는 특별한 정신적 가치를 지니고 있었기 때문이다.

그런데 여전히 문제는 남아 있다. 근대 사회는 모든 영역에서 신비화된 미신이나 인과관계를 갖추어 이성적으로 설명할 수 없는 것들을 몰아내는 '탈주술화 과정'이라는 특성을 드러냈다. 자본주의도 경제 영역의 합리화를 촉진하는 거대한 흐름을 부르는 이름이며, 종교 영역도 그 합리화 경향에서 예외일 수 없었기 때문에 종교개혁의 길로 나아가게 된 것이기 때문이다. 여기서 베버는 개신교 윤리와 자본주의 정신 사이의 결정적 인과관계를 설명하라는, 이 책의 주장에서 가장 중요한 논거를 제시해야 하는 상황과 맞닥뜨리게 된다. 그는 근대 사회에서 합리화의 경향이 광범위하고 전반적으로 진행되었지만, 모든 영역에서 동일한 속도와 방향으로 그것이 일어난 것은 아니라고 지적한다. 청교도들은 '최대 다수의 최대 행복'을 궁극적인 사회 원리로 주장한 공리주의자들처럼 사회적 효용성과 유용성만을 최우선 가치로 여기지 않았기 때문이다.

예를 들면, 개신교도들은 자신들의 구원론을 중심에 둔 일관된 교리 적용에 따라 직업 노동을 소명으로 믿고, 충실하게 시간을 활용하는 것이 가톨릭의 세계관보다 훨씬 합리적인 결과를 산출한다고 생각했다. 하지만 초기 개신교의 경제 윤리를 받아들이지 않는 입장에서는 경제 생활의 결과물, 즉 소비와 저축을 대하는 그들의 합리화가 아주 비합리적이라고 보일 수 있다. 열심히 일하여 번 돈을 웬만해서는 쓰지 않고 계속 곤궁하게 살거나, 부자가 되었지만 소박하게 살아가려는 태도는 상식적으로 납득하기 어렵기 때문이다. 물론 경건한 개신교도들에게 열심히 일한 대가란 소비를 통한 만족이나 쾌락이 아니라 하나님 곁으로 더 가까이 가는 것이다.

반면에 현대 사회에서는 부자가 되는 것에만 몰두하여 부자가 되고 싶은 궁극적 이유나 부자가 되는 방법의 도덕적 정당성에 대해서는 성찰하지 않는 사람들이 많다. '가성비'나 '가심비' 같은 신조어에서도 보이듯이, 현대인들은 흔히 합리성을 최대의 효율성으로만 이해하곤 한다. 즉 최소한의 비용·시간·

에너지를 들인 입력값으로 최대한의 양적·질적 결괏값을 산출하는 원리가 가장 '합리적'인 판단, 즉 이치나 논리에 맞는 것을 보장한다는 것이다. 그래서 자기 자신이 조금이라도 손해를 보게 되는 상황은 그 즉시 비합리적이라며 항의하고, 양보나 희생을 감수해야 하는 상황에서 우리는 크게 분노하고는 한다. 공정성이 침해되어 더 많은 사람들이 연루되거나 피해를 보는 사회적 논란에 대해서는 침묵을 유지하고, 정치적이거나 역사적인 불의에 대해서는 그렇게 잘 인내하면서 말이다. 이처럼 철저히 자기중심적으로만 나타나는 '선택적 자기 합리화'라고 부를 수 있는 흔한 상황들만 보더라도, 근대적 합리화 또는 합리성이라는 개념이 단지 탈신비화·탈주술화 경향이거나 이성적 객관성을 확보하는 단일한 과정으로 이해할 수 있는 것이 아니라는 점을 알 수 있다.

비합리성이 합리성을 낳는다?

　자본주의 정신은 자신이 출현해서 그 힘을 발휘할 수 있는 여건이 되는 모든 곳에서 자본을 수단으로 사용해서 자신의 힘을 발휘한다. 하지만 그 역방향은 성립하지 않는다. 그러나 자본주의 정신은 일반적으로 평화로운 방식으로 역사의 무대에 등장하지 않는다. 그것의 선구자들은 항상 의심의 눈총을 받아야 했고 때때로 증오, 특히 도덕적 분노를 동반하는 엄청난 저항에 직면해야 했다.(1부 2장)

돈을 버는 것 자체를 하나의 '목적이자 의무', 즉 '소명으로 삼는 태도'는 역사상 그 어떤 도덕적 정서에도 부합하지 않는 것이었다. '상인이 하나님을 기쁘게 하는 것은 불가능하다'는 교회법 조항과 '이자를 받아서는 안 된다'고 적힌 복음서의 말처럼, 기독교 전통에서는 상인이나 사업가들의 경제 활동을 엄격하게 규제했다. 심지어 위대한 스콜라 철학자 토마스 아퀴나스(Thomas Aquinas, 1224/1225?~1274)는 어쩔 수 없이 이루어지는 이윤 활동조차도 '추악한 행위'라고 규정했다. 결국 자본주의 정신의 발전을 파악하는 것은 이런 부정적 견해들이 어떻게 한 세기도 안 되어 사라지고 '새로운 질서'가 수립될 수 있었는지, 즉 자본주의적 에토스가 상식적인 것이 될 수 있었는지를 탐구한 후에 가능하다. 베버는 이에 대해 이러한 근대 자본주의의 승리는 낡은 체제의 봉건 권력을 깨부수고 신흥 국가 권력과 결탁했을 때 가능했으리라 전제하면서, 그런 관계가 근대 자본주의와 근대적 종교 세력 사이에도 그대로 적용되었다고 파악한다. 한마디로 말해 개신교는 원래 근대 자본주의와 결코 친밀한 관계가 아니었다는 것이다.

이 관계의 역전을 살펴보기 위해서는 결국 칼뱅주의의 영향이 강했던 네덜란드, 영국, 미국 등에서는 종교적인 비합리적 요소, 즉 자본주의적 경제 윤리와 적대적이었던 가치 체계가 어떻게 근대 자본주의를 불러들였는지를 먼저 해명해야 한다. 즉 '불합리한 것들'의 세계에서 어떻게 비합리적인 방법으로 합리적인 경제 윤리가 역설적으로 창출될 수 있었는가를 물어야 한다. 합리적이지 않은 교리가 합리주의에 부합하는 경제 윤리를 생산하고, 그것이 다시 삶과 노동을 조직하여 근대 자본주의의 발전을 만들었는지를 설명하지 못한다면, 그것은 우연적이거나 극적인 시태로밖에 인식할 수 없기 때문이다. 다른 한편으로는 프랑스, 이탈리아, 스페인 등 가톨릭의 영향이 컸고 비종교적인 '실천적 합리성'이 발달했던 국가들, 그리고 칼뱅주의의 영향력이 약했던 독일에서는 자본주의의 발달이 지체되었다는 점도 인과적으로 설명되어야 한다. 두 가지 경우 모두 우연이 아니었다면 말이다. 이처럼 베버는 자본주의 '정신'과 칼뱅주의 사이에서 뿌연 안개로 휩싸여 있는 것 같은 종교적·사회문화적·정치경제적·심리적 인과관계가 분명히 있다는 가설을 제시한다.

따라서 '근대 자본주의 정신'의 발전은 합리주의가 전체적으로 발전해가는 과정의 일부로서 삶의 궁극적인 문제들에 대한 합리주의의 기본적인 태도로부터 생겨난 것으로 보는 것이 가장 무리 없는 견해처럼 보일 수 있다. 이 경우 개신교는 단지 역사적으로 순수한 합리주의적 세계관에 자양분을 제공해준 '선작물'로서의 역할을 어느 정도 수행했다는 평가만을 받을 뿐이다. 하지만 이 문제를 진지하게 살펴보는 순간, 우리는 역사적으로 합리주의는 인간 삶의 모든 개별적인 분야들에서 동일하게 보조를 맞추거나 같은 수준으로 발전해온 것이 아니라는 점을 확인할 수 있기 때문에, 이 한 가지 이유만으로도 이 문제를 그렇게 단순하게 접근하는 것이 불가능하다는 점이 분명해진다.(1부 2장)

이처럼 베버는 근대 유럽에 확산된 합리주의 문화가 자본주의 정신을 불러일으켰다고 보는 입장이 얼마나 실제적 증거가 없는 편견인지 비판하면서, 18세기 '세속적 합리주의 철학'이 자본주의가 가장 발달한 국가들에서 확립되거나 발전한 것이 아니라는 점을 재확인한다. '실천적 합리주의' 같은 서유럽의 문화적 특징은 자본주의의 발전을 촉진하는 원인이나 토대가 되지 못했다고 보았기 때문이다. 그는 무엇보다 '합리주의'

란 숱한 모순들로 가득 차 있는 이 세계를 이해하기 위해 그 작은 용어 안에 그것을 담아내려고 하는 역사적 개념이라고 파악하면서, 제1부 제2장을 다음과 같이 마무리한다.

> 따라서 우리가 지금부터 탐구해야 할 것은 한편으로는 자본주의적인 우리의 문화를 구성하고 있는 특징적인 요소들 중 하나였고, 지금도 여전히 그러한 '소명'으로서의 '직업' 개념, 다른 한편으로는 이미 살펴봤듯이 개인적 행복 추구라는 관점에서는 불합리한 직업 노동에 대한 철저한 헌신, 이 두 가지를 탄생시킨 바로 그 '합리적' 사고와 삶은 어떤 '정신'에서 생겨난 것인가 하는 점이다. 여기에서 우리가 주목하는 것은 바로 이 직업 개념 속에 들어 있는 비합리적인 요소의 기원이다.(1부 2장)

루터의 직업 개념에 대한 비판적 분석

성서 번역과 개신교 직업 윤리의 기원

> 직업을 의미하는 독일어 Beruf에 '하나님이 수여한 과업'이라
> 는 종교적 표상이 포함된다는 것은 영어 calling과 마찬가지로
> 분명한 사실이다.(1부 3장)

베버는 제1부 제3장의 첫 문장을 이렇게 시작한다. 개신교
에서 말하는 '직업의 윤리화'는 곧 직업 활동을 영위하기 위

해 요구되는 필수 노동, 즉 직업 노동 자체를 삶의 목적으로 삼는다는 의미이다. 신앙의 관점에서 말하자면, 그것은 신의 부르심에 응답하는 일, 즉 '소명으로서의 노동'에 임하는 것이다. 노동이 밥벌이를 위한 수단이 아니라 목적이라는 말은 이제 그것을 빼놓고는 삶의 의미와 가치에 대해 말할 수 없는 본질적 가치를 가졌다는 뜻이다. 그렇다면 신의 피조물로 자신을 인식하는 개신교 신도들이 추구하는 인간형은 소명으로 노동하는 인간이다.

그런데 이것은 19세기의 마르크스나 20세기 정치철학자 한나 아렌트(Hannah Arendt, 1906~1975)가 주장한 인간과 노동의 관계에 대한 견해와는 분명한 차이가 있다. 마르크스는 의식적으로 노동하는 능력을 가진 동물로서 인간 종(種)의 고유한 본질을 설정하고 그에 따라 역사적 생산양식을 통찰했다. 즉 그에게 노동은 '자연이 인간에게 부과한 영원한 조건'이자 인간 자신을 생산하는 본질적 행위였다. 반면에 아렌트는 마르크스의 주장에 반대하며 노동(labor), 작업(work), 행위(action)라는 세 가지 범주를 통해 인간만의 본질적 조건을 해명한다.

다른 한편, 종교적 관점에서 규정된 노동의 본질적 의미는 각자가 경험하기 이전에 주어져 있는 목적론적 관점에서 나온 것이다. 그와 달리 특정한 가치를 미리 상정하는 것을 거부하거나 종교가 없는 사람들은 지배적 가치가 사라진 현대 사회를 살아가는 어려움을 토로하기도 한다. 그렇다면 실존주의 철학자들처럼 인간 삶의 부조리는 아무 의미 없이 그저 던져져 있는 존재일 뿐이라는 점에서 출발한다고 인정하고, '본질에 앞서는' 실존적 결단으로 자기 삶을 구성해 나가야 할까. 도대체 내 인생은 어디를 향하는 것인지, 살아가는 명확한 이유를 스스로 찾을 수 없는 청년들은 좌충우돌하며 자기 삶의 의미를 '발견'하려고 한다. 또는 소수의 사람들은 숨어 있는 의미를 찾는 것이 아니라 오히려 아무 목적과 본질도 없음에서 자기 삶을 '발명'하려고 한다. 그런데 어찌 되었든 여전히 우리 삶에서 그리고 자본주의에서 '노동'을 배제하고서는 결코 본질적 문제에 대해 논할 수 없다는 점은 부정하기 어려워 보인다.

책으로 다시 돌아가 보자. 베버가 강조한 '직업의 윤리화'는 생존을 위해 필요불가결한 도구로 돈을 바라보거나 돈 버는 행위 자체를 목적으로 두는 것이 아니라, 직업적 노동 그 자체를 목적으로 삼아 충실한 삶을 살아가는 것을 말한다. 물론 여기서 노동은 인간의 보편적 활동인 노동에 비해 좁은 의미로 각자 맡은 직업 활동에서의 노동을 말한다. 자신의 정체성을 규정하기도 하는 직업 활동이 좋은 삶, 옳은 삶, 선한 삶의 기준과 가치를 제시하는 윤리적 지위를 갖게 된 것이다. 우리는 투병 생활을 하다가 일터로 복귀한 노동자가 "일할 수 있어서 행복하다"고 인터뷰하거나, 은퇴 후 새로운 일에 도전하게 된 분들이 "이 나이에 나와서 일할 수 있다는 것만으로도 감사해요"라고 말하는 것을 종종 보게 된다. 직업 노동 자체가 목적성을 띠는 상황이다. 그런데 청교도들의 말한 '목적으로서의 노동'이란 인생의 목표를 관통하는 절대적인 종교의 가치를 실현하기 위함이므로 이때의 노동은 인간에게 강한 당위로 부여된 것이다. 따라서 청교도들의 관점에서 이해하자면, 직업적 노동에 대한 충실한 복무는 필멸(必滅)의 존재인 인간적 한계를 극복하기 위해 구원에 대한 확신을 얻으려는 세속적 금욕주의의 일환으로 제기될 수밖에 없었던 필연적 과제다. 이 직업 노동은 그들에게는 지극히 인간다운 삶을 살기 위한 의무인 것이다.

그러나 동서고금을 막론하고 전통적으로 노동에 대한 가치관은 결코 긍정적 측면만 강조하지 않았다. 인간이 살아가기 위해 필수적으로 일을 해야 하지만, 그것은 차라리 어쩔 수 없이 하거나 가능하면 피하고 싶은 것이었다. 성경에서 처음 묘사되는 노동은 하나님의 명령을 거역한 아담의 원죄에 대한 처벌이나 저주였다. "하나님께서 아담에게 말씀하시기를 "네가 네 아내의 음성에 귀를 기울인 까닭에 내가 네게 명하여 말하기를 '너는 그것을 먹지 말라.'고 한 그 나무의 열매를 먹었으니, 너로 인하여 땅은 저주를 받고 너는 너의 전 생애 동안 고통 중에서 그 소산을 먹으리라. 또 땅은 네게 가시나무와 엉겅퀴를 낼 것이요, 너는 들의 채소를 먹을 것이며, 네가 땅으로 돌아갈 때까지 네 얼굴에 땀을 흘려야 빵을 먹으리니……." 하시니라."(『창세기』 3장 17~19절) 긴 연휴 끝에 맞이한 월요일 아침 출근 시간의 정신적 피로감을 느껴본 직장인들이라면 인생에서 대부분의 시간을 차지하는 것 같은 이 노동의 수고로움과 부자유가 어떻게 다가오는지 공감할 것이다. 이런 점에서 베버가 자본주의 정신을 형상화하기 위해 강조하는 직업 노동의 윤리화, 즉 노동 자체에 대한 적극성과 긍정성의 가치 부여는 인류 문명의 건설 이후 적어도 수천 년이 된 전통적 노동관과 거리가 멀고 낯선 것이었다. 그래서 청교도의 이러한 노동관 나아가 직업 윤리는 기존 생활양식을 송두리째 바꾸어야 하는 어려운 도전이었고 필요하다면 기존 사회의 가치와 투쟁을 불사해야 하는 것이었다.

베버는 제1부 제3장 '루터의 직업 개념'에서 이러한 개신교 노동관의 기원을 종교개혁의 시대를 연 루터의 사상으로부터 찾고 있다. 루터가 독일어로 성경을 번역한 것은 가톨릭교회와 사제들만 읽고 독점적으로 해석할 수 있던 라틴어 및 그리스어 성경에 대한 특권을 해체하기 위해서였다. 예수의 가르침으로부터 한참 벗어나 있고 기독교의 본질을 위배하기도 하는 가르침을 강요하는 기존 교회의 불의한 권위를 성서 해석에서부터 끌어내리지 않고서는 새로운 신앙이 들어설 수 없었기 때문이다. 루터의 성경 번역과 그 새로운 성서를 보급한 구텐베르크(Johannes Gutenberg, 1398~1468)의 인쇄술은 결과적으로 독일어의 근대화, 민주화, 대중화에도 큰 영향을 주었다. 물론 구텐베르크는 이 성서 인쇄로 큰돈을 벌기는커녕 빚을 지고 소송에 휘말리게 된다.

그런데 종교적 소명으로 인식되어 널리 확산된 개신교 특유의 직업 노동 개념은 베버의 분석을 따르자면, 루터의 독일어 번역 과정에서 비롯되었다. 이것은 개신교 입장에서는 가톨릭의 제2경전을 의미하는 구약 외경(外經, apocrypha) 중 그리스어로 기록된 집회서(Book of Ecclesiasticus) 11장 20~21절에서 처음 사용된 루터의 번역어와 연관된다. 그는 원래는 '너의 일에 머물러라'는 의미의 구절을 옮기면서 아르바이트(Arbeit) 대신에 'beruf'라는 독일어를 활용했다. 즉 '너의 직업에 계속 머물러라', '네 직업에서 떠나지 말아라'로 번역한 것이 된다. 이것은 '일'에 대한 두 가지 의미 구분을 통합하는 것이었다. 즉 원래 20절에서는 '일(work)' 또는 '과업'이라는 뜻을 가진 '에

르곤(ergon)'이라 되어 있고, 21절에는 '고통스러운 일' 또는 수고하고 애씀이라는 '노고(勞苦)'의 의미를 가진 '포노스(ponos)'로 되어 있다. 이처럼 어감이 다른 두 단어를 순차적으로 쓴 것은 '복음을 위한 일'과 '생계를 위한 일'을 각 절에서 강조하여 의미의 차이를 대비하기 위함이었다. 그런데 루터는 이 두 맥락을 모두 당시에는 '(신의) 부르심'이란 의미가 두드러지는 'beruf'로 번역한 것인데, 이를 통해 개신교 성서에서 일에 대한 (앞서 살펴본) 'calling' 또는 'vocation'의 맥락이 강하게 전달되었다고 한다. 그래서 '네 일에 머물라'는 구절은 단순히 '네 일을 하라'는 뜻이 아니라 '하나님으로부터 부름을 받은 너의 그 일(소명으로서의 노동)을 성실히 하라'라는 새로운 의미로 수용되었다는 것이다. 이런 영향을 받아 오늘날 'beruf'는 직업과 소명이라는 두 가지 맥락을 모두 가진 말로 쓰인다.

이러한 어감의 변화를 우리말에 견주어보자면, 베버가 분석한 루터의 직업 개념에 담긴 소명 의식은 아무래도 우리가 이해하는 직업(職業)의 사전적 의미 즉, '생계를 위해 계속 종사하는 일', '직장에서 하는 일'과는 차이가 크다. 거기에는 종교적인 의미는 물론이고 어떠한 윤리적 가치도 내포되어 있지 않고, 'calling' 및 'vocation'의 번역어로 흔히 쓰이는 소명에서 파생된 인문적 가치도 담겨 있지 않기 때문이다. 그래서 한

루터의 번역 의도에 대한 의심

일과 직업에 대한 새로운 종교적 관점을 통해 개신교 분파들의 혁신적 노동관을 촉발했다고 평가받는 루터의 독일어 성서 번역은 좀 더 넓게 들여다보면, 그 의도를 의심하게 만드는 비일관성이 발견된다. 예를 들면, 집회서에는 '운명'이나 '지정된 일'이란 뜻을 가진 고대 그리스어 '디아데케'라는 단어도 있었는데, 루터는 여기서는 이 단어를 부르심의 맥락을 가진 'beruf'가 아닌 '하나님의 말씀(Gottes Wort)'으로 옮겼다. 또한 그는 신약의 「고린도전서」 번역(7장 17~24절)에서 신분과 지위를 의미하는 명사형 '클레시스', 동사형 '에클레시에'를 'beruf', 'berufen'으로 옮겨놓았지만, 정작 그 부분을 교리적으로 풀이할 때는 부르심의 맥락이 아니라 원래 의미인 신분과 지위로 해석했다고 한다.

자어 중에서 '소명으로서의 직업 노동'과 가장 유사한 말을 찾자면 천직(天職)이 된다. 아시아에서는 전통적으로 '하늘'이 자연의 원리 또는 필연과 운명을 내포하는 개념으로 쓰였으므로, 이 천직도 '타고난 직업이나 직분' 또는 '숙명적으로 주어진 일'이란 의미를 포괄하고 있다. 그런데 인간의 자유의지와 무관하게 주어져 있는 일이라는 점에서는, 천직이 독일어의 'beruf', 영어의 'calling'이나 'vocation'과 유사하지만, 바꿀 수 없는 운명적 조건에 대해서는 순응하며 따라야 한다는 수동적 어감을 전달한다. 이에 반해, 그 단어들은 주어진 과업에 대한 능동적 대응과 자발적 반응의 의미가 담겨 있다는 점에서 천직과 전혀 다르다고 할 수 있다.

소명으로서의 직업 노동

이러한 루터의 'beruf'라는 번역어에 대한 베버의 사실판단은 시작에 불과하며, 뒤에 더 중요한 가치판단을 남겨두고 있다. 베버가 보기에 루터가 시도한 직업을 소명으로 바라보는 관점은 세속적인 필요에 따라 무질서하게 행해지던 노동을 종교와 윤리의 차원으로 격상시켜준 것이었다. 그리고 이 인식의 변화가 개신교의 첫머리에 놓이게 되면서 소명으로서의 직업관은 가톨릭의 숙명론적 신분관과 대립각을 세우는 장치가 되었다. 노동의 동기나 종교적 가치에 대해서는 아무런 교리적 해석을 할 수 없었고, 직업 노동을 통한 세속적 삶의 고양이라는 윤리적 가치에 대해서는 전혀 무관심한 것이 가톨릭의 입장이었기 때문이다. 즉 기존 기독교에서 타고난 신분이나 계급, 그리고 그에 따라 제한되는 직업이나 노동은 하나님의 뜻이 반영되어 불가피하게 주어진 일종의 자연스러운 생활의 토대라고 여겨졌다. 또한 가톨릭의 시각에서 노동에 대한 윤리적 개입이 있었다 하더라도, 그것은 성경에서 금지된 행위와 연관될 때, 노동이 신앙생활과 충돌될 때, 직업 활동 중 세속적 유혹을 받을 때 등 노동을 통제의 대상으로 관리할 필요성이 제기되는 상황에 한정된다고 볼 수 있다. 따라서 루터의 성서 번역이 낳은 직업 노동에 대한 해석의 차이라는 주제는 노동 자체를 신성과 연결 짓는 것을 거부하여 부정적 노동관으로 점철된 가톨릭의 입장과 향후 전개될 개신교와의 투쟁을 예비하고 있다. 가톨릭에서 지도했던 가르침은 신분을 막론하고 가능한 한 세속적 노동에 구애받지 않고 그것과 멀리 떨어져 되도록 금욕적으로 살며 신앙에 몰두하는 생활 방식을 권장하고 있었기 때문이다.

이에 반해, 개신교 각 분파의 흐름은 직업 활동이 근원적으로 구원과 연관된 신앙생활의 연장선에 있으며, 따라서 직업 노동은 윤리적인 행위로 자리매김할 수 있다는 점을 강조했다. 이 양자의 간극에는 과연 어떤 행위가 신앙을 위해 궁극적으로 의미 있는 것인지를 판단하는 기준이 놓여 있다. 개신교의 해석에서 구원은 어떤 행위를 통해서도 인간이 감히 보증하거나 확신할 수 없는 신의 영역이며, 인간의 모든 행위는 결국 하나님께 영광을 돌리는 것으로 귀결된다고 주장했다. 이런 관점에서는 하나님이 맡겨주신 자신의 직업 노동이 자신에게 부과된 종교적 의무가 되며, 이 사명감은 그것에 최선의 노력을 기울이지 않고서 어떻게 구원을 기대할 수 있겠냐는 믿음으로 강화된다. 결국 개신교에서는 세속 생활에서 현실적으로 감당할 수밖에 없는 매일의 과업에 대한 성실한 수행, 즉 경건하게 임하는 직업 노동은 단지 삶의 방편이 아니라, 종교 중심의 시대에서 가장 중요한 신앙 활동의 영역에 속하게 된다.

이제 개신교의 모든 분파들은 가톨릭과의 차별성을 드러내기 위해서라도 루터에서 시작된 이 '소명으로서의 직업' 관념을 수용하여, 그것을 포교의 무기로 활용하려고 했다. 그런데 여기서 오해하지 말아야 할 지점은 개신교의 세속적 직업관이 형성되었다고 해서 자본주의 경제 체제가 자동적으로 도래했던 것은 아니라는 점이다. 루터를 비롯한 개신교 분파들의 지도자들이 처음부터 자본주의적 생산과 소비에 긍정적 입장을 갖고 있지 않았고, 그들은 심지어 기업가들과 심각한 갈등을 겪기도 했다. 또한 개신교 분파들은 근대 자본주의 사회를 적극적으로 지향해야 할 현실적 요구를 알지 못했으며, 성경 중심의 신앙을 강조하는 교리상으로도 자본주의에 동조해야 될 내부 논리가 요청될 필요는 없었기 때문이다. 이런 점에서 베버는 직업에 대한 소명 의식 자체가 자본주의 정신을 형성했거나 그것을 긍정적으로 추구했다고 속단할 수 없다고 말한다.

베버는 특히 루터교에서 직업에 대한 소명 윤리는 여전히 가톨릭의 전통주의적 입장에서 벗어나지 못했다는 평가를 내리고 있다. 루터는 성서를 번역하는 과정에서 새로운 직업관의 흐름을 만들어냈지만, 성서 여기저기에 있는 노동과 경제 활동에 대한 부정적 표명에 대한 기존 해석을 반박하거나 참신한 주장을 하지는 않았다. 세속적인 '일과 거리를 두라'고 권고하는 구약은 물론이고, '부자는 천국에 가기 어렵다', '일용할 양식이면 충분'하니 하나님의 나라를 먼저 찾으라는 등 신약에서도 이익을 얻기 위한 추가적인 생산과 상업 활동을 부정적으로 언급하는 구절들이 수두룩하다. 종교개혁의 깃발을 들었던 처음과 달리 어느 정도 자신을 따르는 세력이 무리를 이루자, 루터는 세속적 일에 대한 판단에서 점차 가톨릭의 입장을 따르게 된다. 물론 루터의 이러한 보수적 견해는 도덕신학 담당 교수라는 그의 출신 배경에서 나오는 한계이기도 했는데, 유럽 각지에서 일어난 농민 반란과 폭동을 거부했던 그는 농민들의 외침에 귀를 기울이기보다는 그들을 진압하기 위해 노력했다. 그런데 여기까지 읽은 눈치 빠른 독자들은 어느 정도 알아챘을 것이다. 베버가 찾고 있는 자본주의 정신을 낳은 종교적·윤리적 기원의 후보에서 이제 루터는 밀려나고 있음을 말이다.

당시 종교개혁은 사회변혁 운동으로서 단지 기존 교회에 대한 저항뿐만 아니라, 낡은 체제를 뒷받침하는 귀족 세력과 기득권 무리에 대한 반발과 투쟁이기도 했다. 종교개혁의 신호탄이 된 '95개조 반박문'을 발표했던 당시 루터는 기독교의 본질을 옹호하며 하나님의 섭리를 명분으로 삼아 가톨릭의 면벌부 판매를 비판했지만, 그는 섭리를 다시 들먹이며 사회의 변화를 가로막았다. 루터는 이 땅에서 각자가 속한 직업은 하나님의 섭리, 즉 고르게 다스리신 결과이므로 각자의 일을 천직으로 알고 순종하며 지금의 지위나 신분을 함부로 바꾸려고 하는 것은 불경스럽다고 평가했다. 결국 루터는 속세에서 떠맡게 된 자신의 '직업 안에서'만 하나님께 영광을 돌리는 신앙생활을 영위하라고 주장한다. 그런데 이것은 직업뿐만 아니라 현실의 기존 질서를 거부하는 것은 모두 신의 섭리를 부정하는 것이라는 주장으로 이어질 수 있다. 결과적으로 루터의 섭리 사상은 가톨릭의 현실 추수적 숙명론이 정당화하는 기존 체제에 대한 옹호와 구별되는 차이를 만들지 못했다. 종교개혁의 성취를 얻고 나서 이런 입장을 취하는 루터의 태도에 대해 베버는 냉정한 평가를 남긴다. 그는 하나님 나라를 찬양하기 위한 '금욕주의적 의무'가 같은 배경에서 나온 '세속적 의무'보다 우월하지 않다는 점을 주장했지만, 신도들에게 결국 현재 자신의 처지에 대해 그저 수긍하고 운명적 권위에 순응하라고 가르쳤다는 것이다.

이와 달리, 칼뱅주의자들은 개신교의 표지가 된 직업 소명 윤리를 실천적 규범으로 적용하여 새로운 생활 방식을 개척하는 결과를 낳았다. 그리고 이 칼뱅주의에 영향을 받은 여러 개신교 분파들 중 일부가 영국에서 청교도로 불리는 세력으로 성장했고, 한국 기독교 중 가장 교세가 큰 장로교도 이 흐름에 속한다. 이들은 자신에게 주어진 직업을 하나님의 부르심으로 인식하고 수용한다는 점에서 루터교를 계승하지만, 그들이 추구하는 신앙의 영역은 '세속적 직업 안에서'만이 아닌, '세속적 직업을 통하여' 즉 능동적이고 적극적인 직업 노동을 활용하여 널리 그리고 항상 하나님께 영광을 돌리려 한다는 점에서 루터교와 결정적 차이를 가진다. 베버는 칼뱅주의나 그들의 계승자들이 보여주는 이 비타협적인 프로테스탄티즘 정신으로 인해 예부터 지금까지 가톨릭은 칼뱅주의를 진정한 적으로 상대했음을 상기시킨다.

이 책 1부의 말미에 이르러 이제 베버의 관심은 칼뱅주의와 청교도의 직업 윤리로 모아지고, 그들의 직업 윤리에 대한 더 구체적인 분석은 2부 후반부에서 본격적으로 전개된다. 그런데 그는 칼뱅, 칼뱅주의, 청교도 분파들이 만들어낸 것에서 출발한다 하더라도 이것이 그 종교 공동체 지도자들이 의도적으로 '자본주의 정신'을 천명하고 그것을 삶의 목표로 제시한 것은 결코 아니라는 점을 유념해야 한다고 강조한다.

확실히 해둘 것은 메노, 조지 폭스, 웨슬리를 포함한 모든 '종교개혁자들' 중에서 윤리 개혁을 위한 강령을 만들고 정립하는 것을 자신의 핵심 관심사로 둔 인물은 단 한 명도 없었다는 점이다. 그들은 '윤리 문화'와 관련된 단체들의 창시자도 아니었고 사회 개혁이나 문화적 이상과 관련된 인도주의적 강령들을 대표하는 인물도 아니었다. 오직 영혼 구원만이 그들의 삶과 일에서 중심에 있는 것이었다. 그들의 가르침으로부터 파생된 윤리적 목표들과 그 실천적 효과들은 모두 영혼 구원에 관한 가르침에 근거를 둔 것들이고 순전히 종교적 동기들에서 나온 결과들이었다.

따라서 우리가 유의해야 할 것은 종교개혁이 촉발한 문화적 효과들은 상당 부분——이 논의에서 갖고 있는 관점에서는 지배적으로——종교개혁자들은 예상하지 못했거나 심지어 원하지 않았던 결과들이었으며 대개 그들이 의도했던 것과는 거리가 멀고 심지어 대립적인 결과들이었다는 점이다.(1부 3장)

따라서 베버는 이 연구의 목적이 종교개혁을 정면에서 다루거나 평가하려는 일체의 시도와 무관함을 밝힌다. 오히려 그의 의도는 근대 문화의 '어떤 특징적 요소들'을 역사적 원인인 종교개혁에서 영향받은 것이라고 간주할 수 있을지를 찾는 것에 있다. 그는 경제 발전은 필연적으로 종교개혁의 방향으로 나아갔다거나, 반대로 종교개혁은 필연적으로 경제 발전을 이끌었다는 식의 법칙화된 역사 인식을 거부한다. 왜냐하면 그 도식에 부합하지 않는 무수히 많은 역사적 요인들이 복합적으로 작용해야 결과적 사태를 만들 수 있기 때문이다.

> 우리는 단지 무수히 많은 역사적인 각 동기들로부터 구성된 특히 세속 지향적인 오늘날의 근대 물질문화라는 직물에 종교적 동기들이 어떤 방식으로 기여해왔는지를 해명하고자 하는 것이다. (……)
>
> 우리가 여기에서 이 연구가 끝날 때까지 잠정적 의미로만 사용하는 '자본주의 정신' 또는 경제체제로서의 자본주의 자체는 오직 종교개혁의 결과로만 생겨날 수 있었다고 말하는 아주 어리석고 독단적인 주장을 펼쳐서도 안 된다. 자본주의적 기업의 몇 가지 중요한 형태들은 종교개혁이 일어나기 훨씬 이전부터 존재했다는 사실만으로도 그런 주장은 설득력을 잃

는다.(1부 3장)

결론적으로 독일어 성경 번역 당시 루터의 의도에 대한 기대와 달리, 그의 사상을 이어받은 루터교의 직업관이나 노동관은 생산적이며 능동적인 개신교의 생활양식을 창출하는 방향으로 전혀 전개되지 못했다. 이것은 앞서 말했듯이 루터교에서는 새로운 경제 윤리의 기반이 되는 정신적·문화적 변동이 수반될 수 없었고, 실제 교리상에서 직업 개념도 그저 '천직'에 불과한 의미로 고정되어버린 데서 연유한다.

물론 천직이 늘 수동적 숙명론으로만 해석될 필요는 없다. 베버보다 13년 뒤에 태어난 독일 작가 헤르만 헤세(Hermann Karl Hesse, 1877~1962)는 소설 『데미안』에서 젊은 주인공의 입을 빌려 말한다. '각자를 위한 진정한 천직이란 자기 자신에게 도달하는 단 한 가지 길뿐'이라고 말이다. 이 말이 평생 짊어지는 직업 활동 내부에서 천직을 발견할 수 있는 것이 아니라, 목적으로서 간주되는 직업 노동 자체를 통해 치열하게 자기 자신의 운명을 인식하고 자신을 완성할 수 있다는 의미라면, 여기서 천직은 단지 비유에 불과하다. 그 분야가 무엇이든 직업적 성취보다 그런 실존적 투쟁이 삶에서 더 본질적인 것, 즉 인간에게 부과된 천직이라는 것이다.

세속적 금욕주의의 종교적 토대들

　앞서 잠시 살펴본 청교도를 중심으로 드러나는 '체계적이고 합리적으로 조직된' 개신교 생활 윤리가 무엇이냐는 물음에 대해 베버는 '세속적 금욕주의'와 '청교도적 생활양식'이라는 열쇠 말로 요약한다. 그는 금욕주의에 대해 근대 자본주의와의 관련성뿐만 아니라 개신교 윤리 중에서도 가장 중요한 요소라고 강조한다. 신대륙으로의 이주 결정과 북아메리카에서 형성한 청교도 특유의 생활양식 모두에 이것이 결정적 역할을 했다고 보기 때문이다. 베버는 금욕주의를 단지 기독교 전통 사상의 혁신적 변형이 아니라, 그것과 전혀 다른 '새로운 인간형'이 근대 서양사의 전면에 출현할 수 있었던 배경이고, 새로운 사회 조직을 창출하는 문화적 토대로 작용했다고 분석한다.

두 번째 논문인 제2부 제1장의 분량은 1부 전체보다 더 많을 만큼 이 책에서 가장 긴 분량을 차지한다. 논의 대상을 네 가지로 나누어 소개하는 1장의 서두는 이렇게 시작한다. 물론 이 장에서 절반 이상의 분량은 제1부에서 논의의 중심으로 부상했던 칼뱅주의에 대한 분석에 할애된다.

> 역사적으로 이 논의에서 사용하는 의미에서 금욕주의적 개신교라고 할 수 있는 종파는 주로 네 개를 말한다. 첫 번째는 특히 17세기 서유럽 주요 지역에서 수용된 형태의 칼뱅주의이고, 두 번째는 경건주의 분파이며, 세 번째는 감리교이고, 네 번째는 재세례파 운동에서 파생된 여러 분파들이다. 이 종교 운동들은 서로에게서 결코 단절되어 있지 않았고 심지어 비금욕주의적인 개신교 종파들과도 차단되어 있지 않았다.(2부 1장)

이제 모든 기독교인들이 평생 수도사로 살아야 하는 정신적
상황이다.

이것은 16세기 독일의 신비주의자로 알려진 프랑크(Sebastian
Franck, 1499~1543)가 종교개혁의 의미에 대해 요약한 말인데, 청
교도인들의 생활양식이 가진 독특함을 집약하고 있다. 베버는
17세기 이후 청교도들은 합리적으로 질서 잡힌 생활양식을 강
도 높게 추진하면서 개신교 윤리의 전형적 특성을 구성하기
시작했다고 진단했다. 이는 중세 가톨릭 사회의 수도사들이 탈
세속적이고 폐쇄적인 세계에서 계율과 규율을 지키고 금욕적
수행을 실천하며 자신과 동료들의 생활을 조직화한 것과 비견
된다. 그들은 서로의 생활을 새롭게 조직하는 금욕적 삶을 영
위하고 궁극적으로는 내세, 즉 사후 천국에서의 삶을 지향했다
는 점에서 수도사들과 공통점을 갖는다. 그러나 지극히 세속
적인 세계 '안에서' 상업과 교역을 중심으로 성장하는 세속적
직업 활동을 통해 그것을 수행했다는 점에서 수도사들과 전혀
다른 방향으로 나아간다. 청교도들은 직업 활동에서 요청되는
감정에 휘둘리지 않고 냉철하게 판단하는 이성의 능력을 발휘

하기 위해 사고방식과 일상생활에서 합리성으로 무장할 필요가 있다고 생각했다. 물론 그 모든 노력은 현세를 넘어 내세까지도 포괄하는 영원하고 초월적인 목적, 즉 구원받음을 위한 것이다.

청교도들의 생활에서는 지옥의 고통이나 죽음 이후 영혼의 소멸에 대한 공포심, 그리고 그것의 반대급부인 내세의 영원한 삶에 대한 종교적 열망이 현세의 삶을 체계적으로 조직하게 만드는 일종의 '규제적 조건'으로 작용하고 있었다. 세속적 삶을 의미 있게 끌어가고 가꾸려는 동기가 불확실하고 예측 불가능한 내세의 삶에서 제공되는 역설적인 상황인 셈이다. 그런데 그토록 종교 의존적인 세계를 구축했던 그들의 동기를 실현하는 '무대'이자 그들을 합리주의자라는 근대적 주체로 생산하는 '매개'는 화목한 교회나 열렬한 신도인 그들 자신이 아니라, 경제 활동을 통해 신앙생활의 근본 문제를 해결해나가는 세속의 공동체, 즉 속된 무리 생활이었다. 베버는 청교도들의 생활양식을 구성하는 이러한 윤리적 상황과 그 가치의 특징을 '조직화된 세속 안에서 수행되는 세속적 금욕주의'라고 요약한다.

이처럼 청교도들은 종교적 목적을 달성하기 위해 모든 삶의 조건들을 조직하거나 변형했기 때문에 그들의 도덕 규범과 윤리적 가치는 과거 어떤 종교 중심의 사회보다도 더욱 강한 종교적 지향을 갖추었다. 물론 그것의 출발점은 앞서 살펴본 '구원의 확실성'에 대한 징표를 찾는 경건한 공간과 시간에 대한 새로운 인식이었다. 즉 가톨릭의 성스러운 공간이 아니라 세속에서, 그리고 내세가 아니라 피·땀·눈물을 흘리며 살아가는 현재 우리들의 세계에서 구원의 증거들을 찾을 수 있으며, 찾는 즉시 확인할 수 있다는 혁신적인 신앙의 정립이었다. 그런데 그 모든 종교 문화의 현세 중심적 변동은 '오직 하나님의 영광을 드러내기 위함'이라는 종교적 목표를 놓치지 않을 때 혁신의 명분을 유지할 수 있었다. 이 세상을 합리적으로 변화시키고 지속적인 물질적 번영과 풍요로움을 추구하는 것은 청교도라 불리는 자신들을 '도구로 써서 역사하시는 주님'의 성령을 드러내는 것으로 이해되었다. 베버는 이처럼 세속적 금욕주의라는 새로운 토양에 깊이 뿌리내리고 가지와 줄기를 뻗어나간 체계적이며 합리적인 생활양식의 총체를 '프로테스탄트 윤리'라고 불렀다. 그는 이 새로운 개신교 윤리가 구습의 경제 관계와 악습의 경제 윤리를 밀어내고, 근대 자본주의 정신을 형성하는 초기 과정을 주도하는 문화적 역할을 수행했다고 주장했다.

구원받을 자들과 구원의 증거들

중세와 근대의 경계를 살아가던 금욕주의적인 개신교 신자들에게 '예정설'이 남긴 심리적 과제들을 극복하는 것은 일상생활을 영위하는 데 있어 반드시 넘어야 할 산이었다. 그리고 예정설은 자신들이 구원받을 사람들임을 확증하게 만드는 현실의 지표들이 무엇인지 끊임없이 의문을 낳기 때문에 그것은 교리를 차별화할 때도 중요한 기획이었다. 전지전능한 신이 미리 예비한 뜻을 인간이 모두 알 수는 없지만, 개신교도들은 신께서는 어떤 식으로든 축복받고 은혜받을 사람들이 지상의 삶에서 알아갈 수 있는 징표를 남겨주셨으리라 기대했다. 청교도는 이런 점에서 다른 분파들에 비해 '구원의 확실성(certitudo salutis)'을 담보하는 투명한 증거들을 비교적 손쉽게 제시했다.

먼저 직업 노동에 임할 때 드러나는 증거는 성실하고 조직적으로 노동할 수 있는 능력이었다. 불안에 떠는 신자들을 지도하는 목회자들은 살아가기 위해 필수적으로 요청되는 노동을 지속적으로 잘 수행하기 위해서는 무엇보다 성실하게 임하고 절제할 수 있도록 노동 방식을 규율화하는 체계적 조직화가 중요하다고 강조했다. 물론 그것을 합리화하기 위해서는 노동을 감당할 수 있는 신체적·정신적 힘과 개성적인 역량은 오직 하나님에 대한 신앙과 은총으로부터 나오는 것이라는 전제가 필요하다. 조직화된 노동에 능동적으로 임할 수 있는 그런 귀한 사람은 반드시 구원받은 사람이며, 그의 묵묵한 노동 활동은 신과 특별한 약속의 관계를 맺은 사람이 보여주는 징표로 여겨진다. 여기에는 성공적인 직업 노동은 창조주를 기쁘게 해드리는 방법이며, 그것은 하나님이 손수 만드신 이 땅이 더 풍요로운 나라로 건설되어 자신의 영광을 드러내기를 원하기 때문에 실현되는 것이라는 믿음이 담겨 있다. 베버는 청교도들이 조직적인 노동 환경을 구축하기 위해 정성을 기울인 것을 이런 방식으로 이해할 수 있다고 설명한다.

두 번째로 중시된 구원의 증거는 '부의 축적'과 '이윤 획득'인데, 이것은 앞서 말한 노동의 조직적 수행에 따른 자연스러운 결과물로 인식되었다. 청교도 신자들에게 있어 가난에서 벗어나 부유해진다는 것은 그것이 경건한 노동을 통해 획득된 것인 한에서 그것은 '노동의 열매'였다. 또한 그 부유함은 하나님께서 기도하며 노동하는 이들의 손을 통해 친히 임하시어 맺게 한 열매이기도 하다. 이처럼 부를 이룬 청교도들이 자신의 소유물을 자랑스러워하는 것은 그것이 바로 자신이 신께 구원받은 자임을 보여주는 증거로 이해되기 때문이다. '부의 획득이 직업 소명 안에서의 노동의 열매일 때는 하느님의 복'이라는 청교도 목회자인 리처드 백스터(Richard Baxter, 1615~1691)의 말은 그런 가르침을 요약한다. 이제 개신교도들은 더욱 크게 사업을 벌이거나 상업 활동에서의 이윤을 늘려 물질적 성공을 이루고, 그 은총의 징표를 통해 자신이 선택받은 자임을 스스로 확인하길 원했다. 물론 편법을 쓰거나 부정한 방법으로 축적한 부는 인정받을 수 없기 때문에 정직하고 성실한 노동과 체계화된 경제 활동의 수행은 단지 종교적으로 중요한 의미를 가지는 동기만이 아니었다. 그렇게 합리적으로 재편된 경제 활동은 시장에서 더 많은 부를 낳았고 그 성취는 다시 신앙과 사적 소유의 선순환 관계를 만드는 결과를 만들어냈다. 구원을 향한 종교적 욕망과 그것을 충족시켜주는 적나라한 결과물은 애초 노동에 대한 심리적 보상 동기에서 출발했지만, 결국 그들의 삶을 자본주의에 더욱 최적화시키는 방향으로 나아가고 있었다.

차별화된 증거로서 세 번째로 살펴볼 수 있는 구원의 표지는 덕스러운 행동이었다. 죄를 짓게 되는 욕망에 쉽게 사로잡히는 인간에게 성스러운 가치를 삶 속에서 실천한다는 것과 육체의 욕구를 다스리고 절제하여 하나님이 주신 계율을 지켜나가는 미덕을 행하는 것은 무척 어려운 일이다. 그래서 청교도 성직자들은 그것을 행할 수 있는 사람은 구원받은 자가 아닐 수 없다고 설파했다. 물론 아무리 덕스러운 행동의 업을 쌓는다 해도 예정되어 있는 이분법적 최후, 즉 구원과 멸망이라는 결과를 바꿀 수는 없지만, 역설적으로 하나님의 은혜와 가호를 입은 사람이 아니고서는 그런 덕 있는 활동을 계속 행하는 것은 불가능하기 때문이다. 이러한 논리에는 이처럼 인간 사회의 보편적 가치와 덕목을 실천하는 삶은 노동과 마찬가지로 체계적으로 질서 잡힌 삶을 살지 않고서는 가당치 않은 것이라는 믿음이 깔려있다. 즉 하나님이 내려주신 계명들을 우리가 철저히 지키며 살 것을 신께서도 당연히 원하시리라 믿을 수밖에 없다는 것이다.

그리고 청교도 교리에서 강조된 마지막 구원의 증거는 앞서 살펴본 객관적 지표들과 달리, 열렬한 찬양 행위 중 나타나곤 하는 '주관적 느낌'이었다. 신을 향한 마음이 충만하고 신과의 합일을 지향하는 각성이 극대화되었을 때 신자들이 잠시 자기 넋이 나가 있는 상태를 경험한다는 것이다. 흔히 교회에서 '방언(方言, glossolalia, gift of tongues)'이라고 일컬어지는 무의식적인 성령의 은사(恩賜) 체험을 합리적으로 설명할 수 없었지만 신자들은 무엇인가 초자연적인 힘이 내면에서 나타났다고 고백하고는 한다. 특히 감리교, 침례교, 퀘이커교 그리고 경건주의를 지향하는 분파들의 초기 경향은 하나님에게 신앙적으로

152

완전히 속박되어 있는 이러한 감정 상태를 중시했다. 물론 신자들은 이런 체험들은 오직 구원받은 자들만이 경험하는 것이라고 믿었다. 베버는 이런 조건들을 강조했던 신자들도 당연히 앞서 말한 구원을 증명하는 금욕주의적 생활의 조건들을 수용했다는 점을 망각해서는 안 된다고 말한다.

이념형 종교 사상 연구

이 책에서 이제 남은 과제는 앞에서 제기한 근대 자본주의 정신의 형성 과정을 구체적으로 해명하는 것이다. 그래서 이어지는 분석은 개신교 각 분파의 생활양식에서 추출되는 특성과 그것의 원인으로 작용하는 교리의 차이와 특징에 관한 것이다. 개신교 분파의 흐름에서 공통적으로 포착할 수 있는 개신교 윤리의 특성은 앞서 언급봤듯이 '세속적 금욕주의'이다. 이것은 쉽게 말해, 현실에서 자기 일에 집중하여 열심히 하면서 금욕적 태도로 일상생활을 영위하는 것이다. 다시 말해 '나는 자연인이다'를 외치며 인적이 드문 곳이나 조용한 수도원에 들어가서 혼자 수행하며 욕망을 절제하는 것이 아니라, 평소 생활을 유지하면서 고요한 심정을 유지하고 신의 명령이라고 일컬어지는 직업 활동 자체에 최선을 다하여 임하는 것이다. '세속적 금욕주의'를 실천하는 사람들은 마치 경건하고 순수한 종교 활동의 일환인 것처럼 직업 활동에 성실하게 복무한다. 먼저 이 금욕주의가 자본주의 정신과 어떤 관계를 갖고 있는지 이해하기 위해 베버의 논의를 따라가보자.

베버는 이 탐구 과제, 즉 개신교 각 분파의 교리 분석을 '이념형 종교 사상 연구'라고 소개한다. 그는 개신교 분파의 교리적 차이를 세밀하게 밝히기 위해 신학자들처럼 총체적으로 다루지 않는다. 그의 목표는 자본주의 정신이라는 고유하게 정형화된 문화적 가치의 기원을 개신교 교리 연구에 근거하여 해명하는 것에 있기 때문이다. 이처럼 베버는 세속의 직업과 노동을 종교적으로 윤리화한 개신교 내부의 논리를 파악하려고 하지만, 개신교도들에게는 오직 순수하게 종교적인 관심만 있을 뿐이었다는 점이 이 논의의 특징이다. 그는 그들이 의도하지 않았지만 그들로 하여금 일어난 변화, 혹은 그들이 전혀 자각하지 않았던 어떤 원인에서 시작하여 일어난 결과를 추적하고 있다. 당시 그들의 근본 물음은 자본주의 사회에서 성공하기나 부자가 되는 방법 따위가 아니었다. 경건한 개신교도들의 영혼을 지배하고 있었던 물음은 하나님은 어떤 분이시며, 우리는 어디서 와서 어디로 가는 것이며, 어떻게 하면 진실로 구원받을 수 있는가 같은 것이었다.

그런데 이 종교적 갈증을 채우기 위한 물음들은 결국 하나의 질문으로 수렴한다. 시작과 끝을 알 수 없는 이 인간 존재의 운명적 지평 위에서, '과연 우리는 어떻게 살아야 하는가?'라는 것이다. 이러한 근본적인 물음에 일관적이고 답변과 현실적인 지침을 줄 수 없는 종교적 이념은 현실적 영향력이 적을 수밖에 없다. 특정한 종교적 이념을 정당화하기 위해 신도들에게 들려주는 이 답변들은 반복적으로 행해지면서 체계화된 교리로 굳어진다. 그리고 그것은 다시 신도들의 생각을 바꾸고 삶의 방식을 지도할 수 있는 현실적 효능을 발휘하면서 윤리적 규범으로 정당화된다. 물론 여기서 종교 생활과 거리가 두는 현대의 독자들은 어차피 정답이 없는 삶의 근본 가치를 왜 종교에만 의존하여 해결하려 하는가라고 물을 수 있겠다. 그런데 종교의 영향력은 여전히 절대적인 시대이지만, 종교나 다른 이념 및 사상에 대한 선택은 극히 제한적인 과거의 역사적 특성을 염두에 둘 필요가 있다.

'어떻게 살아야 할까요?'라는 물음에 대한 개신교 각 분파의 답변들 중에서 베버가 주목한 가르침이 바로 앞에서도 여러 번 언급되었던 '세속적 금욕주의'이다. 이것은 주어진 세속의 현실을 능동적이고 적극적으로 살아가되 늘 절제하고 금욕하라는 가르침으로 요약된다. '세속적 금욕주의'라는 용어로 베버가 포착한 이런 종교적 가르침은 개신교도들이 이상적으로 추구하는 경향을 집약했다는 점에서 '이념형(ideal type)' 개념으로 불린다. 그렇다면 이제 다음 순서는 세속적 금욕주의의 내용이 무엇이며 그것은 어떤 삶의 태도를 구성하는 것인지 명료하게 정리해야 할 차례인데, 베버는 이를 위해 여러 분파의 교리를 비교한다. 그가 17세기 개신교의 대표적인 분파로 꼽은 것은 칼뱅주의, 경건주의, 감리교, 침례교라는 네 가지였다.

그런데 이 분파들은 서로 교리상의 차이를 염두에 두면서 발전했지만, 교회 문을 열고 나가면 바로 눈앞에 펼쳐지는 저 못 믿을 불안한 현실 세계, 즉 현재의 삶을 어떻게 살아가야 하는지에 대해서는 어느 정도 일치된 답변을 제시했다. 세부 교리는 다르지만 비슷한 윤리적 교훈과 생활 속에서 실천해야 할 강령을 강조했다는 것이다. 그런데 여기서 베버가 더욱 주목한 것은 윤리적 규범의 원칙이나 구체적 내용이 아니라, 그것이 어디서 어떻게 파생되었냐는 점이다. 이 책 전체를 요약하는 부분에서 언급했듯이, 그것의 원천이 되는 교리는 바로 죽음 이후의 세계를 다루는 구원론이다. 어떻게 내세(來世)가 현세(現世)를 지배한다고 단언할 수 있는가? 베버에게 이렇게 묻는다면, 그는 아마도 세속적 직업을 종교적으로 윤리화할 수 있을 정도로 정신세계에서 큰 폭의 변화를 만들어내려면, '삶의 의미'를 규정하는 가장 강력한 틀인 '죽음 이후의 세계'라는 관심에 기초하지 않으면 안 된다고 말할 것이다. 겉으로 봤을 때 종교적 실천과 세속적 실천은 전혀 다른 원리로 움직이는 이질적인 범주이지만, 교리의 차이에서 출발해서 현세의 질서를 움직이며 널리 퍼져나가는 이 일방적인 흐름은 베버의 문제의식에서는 아주 중요한 분석의 알맹이였다. 내세와 현세의 관계를 내밀하면서도 직접적으로 연결하는 최초의 고리, 아니 교리의 발명은 새로운 생활양식을 촉발했다.

물론 여기에는 17세기의 유럽은 종교적 정체성이 중요한 사회였고, 종교적으로 경도된 사람들이 주도하는 시대라는 배경을 갖고 있기 때문에 이렇게 개신교가 일상생활을 규제할 수 있었다는 점이 전제되어 있다. 개혁적인 종교가 등장하면 어느 시대나 경제 체제를 바꾼다고 오해해서는 안 된다는 것이다. 베버가 보는 서유럽의 근대 자본주의 발전은 결코 보편적인 현상이 아니라, 희귀하고 특별한 역사적 과정이었다. 바로 '세속적 금욕주의'와 뒤에 살펴볼 특별한 '직업 윤리'가 친밀하게 결합하여 만들어진 자본주의 정신이 당대 물질문명의 발전과 함께 노동 문화 및 경제 관계를 조직적으로 탈바꿈시

켰기 때문이다.

이제 베버가 17세기의 대표적 개신교 분파로 꼽은 것들을 통해 강조했던 종교적 영향의 특징에 대해 살펴보자. 그는 먼저 칼뱅주의를 평가하면서 종교 지도자 '칼뱅'과 칼뱅의 영향을 받아 다양하게 분화된 교파들을 아울러 가리키는 '칼뱅주의'를 구분한다. 서로 다른 교리 해석과 그것들을 이질적으로 조합하고 적용하며 파생된 개신교는 칼뱅의 의도와는 상관없이 전개되기도 했기 때문이다. 앞서 살펴봤듯이 칼뱅은 구원받은 자들은 이미 정해져 있다는 예정설을 대표적으로 주장했는데, 이 예정설에 대한 해석의 문제는 그를 계승하는 사람들의 가장 중요한 관심이었다. 구원에 관한 교리인 예정설은 '하나님의 절대적 주권'이라는 신론과 '인간의 절대적 타락'이라는 인간론의 대비를 통해, 가톨릭과는 다른 관점에서 예수의 구원을 해설한다. 1647년 이른바 칼뱅의 '웨스트민스터 신앙 고백'에 대한 분석을 통해 베버는 칼뱅의 예정설이 누구나 체험할 수 있는 종교적 경험을 교리로 제시한 것이 아니라는 점에 주목했다. 칼뱅의 의도는 예수를 믿는 자, 즉 하나님의 백성들만이 결국 구원을 받지만 인간 신앙의 변심이나 타락할 수 있는 행동에 따라 구원 여부가 계속 바뀌는 것이 아니라, 전지전능한 하나님의 은총은 처음부터 구원의 대상자를 선택하고 계셨다는 논리적이고 일관적인 설명을 제공하는 것이었기 때문이다. 즉 내세에 관해 신의 불변하는 선택을 이미 받은 자는 이 현세에서도 그 은총에 대한 감사와 영광을 필연적으로 표현하며 살 것이라는 논리이다.

독자들은 이 예정설을 수용했을 때 당시 신도들의 삶에 가해지는 파급력이 어떤 것인지 상상할 수 있는가? 베버는 먼저 크게 두 가지 심리적 효과가 있을 것이라고 추론한다. 인간의 의지로 거부하거나 부정할 수 없는 섭리에 대한 경외감, 그리고 자신에게 주어진 내세의 운명에 대해 무지한 채 살아야 하는 무력감이다. 그런데 베버의 관심은 당시 역사적 사건들에 파장을 미치고 개신교의 분화를 촉진할 정도로 영향력이 컸던 이 교리와 생활 규범 사이의 연관성에 있었다. 그가 가장 주목한 것도 칼뱅 개인의 사상이 아니라 칼뱅주의 중에서도 청교도로 불렸던 신자들의 생활양식이었다. 이런 점에서 특징적인 것은 예정설이 가톨릭 신앙생활에 영향을 주었던 다른 변수들을 배제하는 효과를 갖고 있었다는 점이다. 예정설은 구원에 대해 오직 하나님과 각 개인 사이에 한정되는 문제라고 파악하고, 교회·성직자·성례(종교의식) 같은 매개나 형식을 필요로 하지 않았다. 심지어 선행을 실천하고 자비를 베푸는 것도 어차피 구원 여부가 결정되어 있는 상태에서는 아무런 도움이 되지 않는다. 신 자신도 번복이 불가능한 이 구원에 대한 믿음은 일차적으로 인간에게 한없는 사고무친(四顧無親)의 고립감을 증폭시킨다. 예정설에 사로잡힌 인간의 막막한 심리 상태에 대한 베버의 묘사는 이러하다.

> 우리가 알 수 있는 것은 단지 인간의 일부는 구원받고, 나머지는 저주받았다는 사실뿐이다. 이러한 운명의 결정에 인간의 선행이나 죄과가 작용한다고 생각하는 것은, 영원한 과거부터 불변하신 하나님의 절대적으로 자유로운 결정이 인간의 행동이 개입되어 변경될 수 있다고 여기는 것이므로, 이는 불가능한 생각이다. (……) 신의 결정은 번복될 수 없으므로 신의 은총은 그 은총을 받은 자가 잃을 수 없고, 그 은총을 거부당한 자가 얻을 수 없는 것이다.(2부 1장)

그런데 인간의 자기 회복력은 심리적인 압박감 속에서도 나름의 돌파구를 찾아낸다. 자포자기의 심정으로 주체적으로 뭔가 이루려는 노력을 포기하고 무기력하게 지낼 수도 있지만, 어차피 50퍼센트의 확률을 갖고 있다면 밑져야 본전이라는 마음을 먹고 불안한 마음을 스스로 달래기 위해 점차 긍정적인 방향으로 생각을 기울일 수도 있다. 누군가의 영혼은 하나님의 곁으로 가고 다른 누군가의 영혼은 지옥으로 간다면, 그 누군가에 나 자신이 포함되지 말라는 법은 어디에도 없지 않겠냐는 생각 말이다. 구원받지 못할 것이라는 불안과 절망은 점차 희미해지고 난 아마도 구원받도록 예정되어 있기 때문에 이토록 하나님 나라의 백성이라는 확신에 찬 삶을 살 수 있을 것이라는 은총에 대한 환희가 선순환적으로 자기 삶을 채워간다. 열심히 살아가든 무기력하게 살아가든 어차피 결과가 결정되어 있다면 이왕이면 현세의 삶에 충실한 것이 훨씬 나을 것이라는 성실성이라는 윤리 의식을 일깨운다.

또한 예정설은 이러한 심리적 변화에 그치지 않고 개인들의 세속적 생활에도 영향을 끼쳤다. 자신의 구원에 대한 확신을 얻기 위한 방법에는 일반적으로 두 가지가 있다. 우선 떠올릴 수 있는 것은 의심에 잠식당하지 않고 끝까지 믿어보는 방법이다. '난 선택받은 자'라는 믿음을 자기 최면의 수준까지 끌어올린 사람들은 내세에서 구원받고 영원한 기쁨을 누리도록 결정된 자가 어찌 세속의 작은 쾌락과 악마의 속삭임에 불과한 유혹에 넘어갈 것이냐며 과감히 그것을 거절할 수 있다. 즉 최고의 믿음만이 구원에 대한 최고의 확신을 가져온다는 것은 어쩌면 순환 논증의 오류에 빠지는 것 같지만, 이처럼 가장 단순한 교리는 가장 손쉽고 간결한 논리를 제공했다. 사람이 달리 할 수 있는 일이 없다고 느낄 때 구원에 대한 믿음을 위협하는 회의감을 버리고 오히려 초연히 묵상하는 것이 인지상정일 것이다. 자기 자신에 대한 이러한 신뢰의 재확인은 스스로 자신감을 강화하는 방법이 되며, 그는 비로소 구원에 대한 자부심으로 넘치는 적극적 성도(聖徒)의 길로 나아간다. 이러한 일련의 경향과 변화가 바로 세속적 금욕주의를 구성하는 밑거름이 된다. 베버는 청교도를 포함한 칼뱅주의의 금욕적 생활에 대해 중세 수도원에만 머물던 금욕주의를 세속 사회로 끄집어내 확장한 것이라고 평가했다.

　　자연적 생활과 구별되고 종교적으로 요구된 성도의 특별한 생활은 더 이상 세속 밖의 수도원에서 행해지는 것이 아니라, 세상과 그 질서 안에서 행해졌다. 내세를 바라보면서 세상 안에서 생활 방식을 합리화한 것은 금욕적 개신교의 직업 사상이 낳은 결과이다. 처음에는 세속을 벗어나 고독으로 도피했던 기독교의 금욕주의가 이제 수도원에서 나와 세속을 단념한 상태에서도 세계를 기독교적으로 지배하고 있었던 것이다. 그렇지만 그러면서도 금욕주의는 대체적으로 세속적 일상생활에 있는 그대로의 자연적 성격을 허용한다. 그런데 이제 금욕주의는 닫아버린 수도원의 문을 뒤로하고 삶의 시장에 걸어나와 세속적 일상생활에 자신의 방법을 침투시키기 시작했고, 일상생활을 세속 안에서, 그러나 세속에 의해서나 세속을 위해서가 아니라, 합리적 생활로 변형시키기 시작했다.(2부 1장)

구원에 대한 확신을 얻을 수 있는 두 번째 방법은 하나님이 이미 이 땅에서 개인들에게 점지해주신 명령, 즉 '직업 노동'을 충실하게 이어가며 세속의 삶을 이토록 열심히 살 수 있음을 자각하는 것의 심리적 효과는 무엇일까? 그것은 자기 자신은 내세의 삶에서도 이미 선택을 받은 사람이므로 이렇게 하나님의 명령을 충실히 따르는 도구로서 잘 쓰일 수 있다는 확신을 스스로 강화하는 것이다. 이런 경향은 그들의 직업 윤리가 서서히 체계화되는 밑바탕이 된다. 칼뱅주의를 신봉하는 사람들은 하나님의 영광을 표현하기 위해 자기 자신이 충실한 '신의 도구'가 될 수 있기를 바랄 뿐이다. 그래서 그들은 돈을 많이 벌기 위해서가 아니라 피조물로서 창조주 하나님을 기쁘게 해드리기 위해, 그리고 하나님의 나라에서 영원한 안식을 얻을 수 있다는 구원에 대한 확신을 갖기 위해 주어진 직업 노동에 묵묵히 매진한다. 더불어 신의 도구로서 쓰임을 받을 자라는 믿음은 언제 어디서 어떤 일을 겪든, 냉철하게 의식을 유지하여 하나님의 영광을 드높이기 위해 유흥과 쾌락의 유혹에 빠지지 않고 절제와 금욕의 자세를 유지하도록 이끈다.

그런데 이 금욕주의적 생활양식은 인간관계를 대하는 태도와 다양한 신앙 활동의 의미도 재정립한다. 불우한 이웃을 위한 봉사 활동의 보람, 교회 공동체 생활의 기쁨, 복음을 전하여 누군가의 영혼을 구제하는 선교 등도 그것이 나 자신과 다른 인간을 위한 것이라고 믿는다면 그 활동은 해서는 안 되는 것이다. 왜냐하면 우리 인간은 결코 그 내부에 원인이나 본질을 두는 '목적'으로 살아갈 수 없는 피조물, 즉 도구나 수단에 불과하기 때문이다. 모두 똑같은 처지의 인간인데 감히 누가 누구를 돕겠는가. 모든 것은 신의 의지에 달려 있다는 것이다. 노동하고 돈을 모으는 것부터 먹고 기도하고 사랑하는 그 모든 행위의 목적은 오직 하나님의 영광을 위한 것으로 마땅히 돌려져야 한다.

앞서 말한 두 가지 방식 외에, 베버는 확신을 구하는 다른 방법을 비교 대상으로 소개한다. 그것은 주로 루터교에서 추구했던 방법으로 종교적으로 몰입한 상태에서 겪는 신비한 체험을 통해 잠시라도 신과 만나보는 방법이다. 신비 체험을 통해 신도는 무지하고 무력하며 죄를 많이 짓고 살아가는 나 자신을 망각하고 황홀한 몰아(沒我)의 상태로 빠져드는 것이다. 물론 칼뱅주의는 이 방법에 대해 회의적이었다. 어떻게 유한하고 불완전하기 그지없는 이 피조물의 그릇 안에 무한하고 절대적인 하나님이 담길 수 있겠냐는 것이다. 즉 불완전한 것은 그것과 비교할 수 없을 정도로 완전한 것을 포함할 수 없다는 것이다. 또한 감정에 치우친 비이성적 상태가 때로는 숭고한 교감을 낳는 것 같지만 감각적 인식은 아주 빈번하게 착각과 혼동을 일으킨다. 따라서 칼뱅주의자들은 하나님과 은총받은 사람 사이의 합일된 경지를 인정할 수 있는 상황은 오직 하나님이 자기 자신을 도구로 써서 행하신다는 것을 스스로 자각하는 경우일 뿐이라고 일축한다.

그런데 칼뱅주의가 추구하는 이런 구원론에 따른 생활 규범의 확산은 일종의 상호 확증 상태처럼 보이기도 한다. 금욕주의를 실천하고 성실한 노동을 중시하는 태도는 구원받은 자가 마땅히 행해야 하는 것이면서, 동시에 그 활동은 자기 자신이 구원받았다는 것을 증명하는 과정이기도 하기 때문이다. 이것은 마치 자신이 어떤 종류의 과실수인지 모르던 나무가 자신이 누구인지 알아내기 위해 최선의 노력을 다하여 끝내 열매를 맺고자 하는 상황과 유사하다. 마침내 자신의 열매가 무르익어 땅에 떨어지고 난 후에야, 그 나무는 자신이 어떤 종류였는지 비로소 깨닫게 된다는 아이러니한 이야기다. 그런데 이

상황을 인간 삶에 적용했을 때 나타나는 난점은 스스로 구원받았음을 확신하기 위해, 삶의 최후 순간까지 인간은 이미 결정되어 있는 구원을 다시 증명하기 위해 노력해야 한다는 역설이 발생한다. 칼뱅주의와 그것을 계승한 청교도 신자들은 이렇게 자기 목숨이 다할 때까지 구원받았음을 스스로 증명해야 하는 상황이 바로 피조물로서 내세의 구원과 현세의 삶에 예속된 인간의 운명이라며 수용했다.

> 개신교 분파들에서 항상 볼 수 있는 것은 종교적 '은총 상태'를 피조물의 타락과 세속에서 구별시키는 일종의 신분으로 여기게 했다는 점이다. 그런데 이 신분의 획득은 어떤 마술적인 성례나 참회에 의한 사면이나 개인적인 선행 등을 통해서 보장될 수 있는 것이 아니다. 그것은 '자연적' 인간의 생활 방식과 분명히 구별되는, 특수한 성격의 품행으로 증명될 때 비로소 보증될 수 있는 것이다. 이에 따라 각 개인은 자신의 구체적 삶 속에서 자신의 은총 상태(구원)를 확인하려고 했는데, 그 방법은 자신의 모든 생활 방식을 금욕적으로 유지하는 것이다. 이러한 금욕적 생활 방식은 자신의 모든 것을 신의 뜻에 맞추어 합리적으로 형성하는 것을 뜻했다. 따라서 이 금욕은 더 이상 과외 활동이 아니라, 자신의 구원을 확신하고자

하는 모든 이에게 요구되는 행위였다.(2부 1장)

이처럼 예정설의 심리적 효과는 그 방향성과 정도 모두에서 기대를 뛰어넘는 강력한 것이었다. 신앙 공동체의 구성원 모두가 자신의 구원을 각자가 알아서 독립적으로 구명하고 스스로를 끊임없이 증명해내야 한다는 의무론적 입장은 개인들에게 큰 압박감으로 다가가리라 예상했고 실제로도 그런 현상은 늘 나타났다. 그런데 독실한 신앙생활을 하는 사람이라고 가정했을 경우, 예정설은 논리상으로는 사람들을 체념과 절망 속에서 허우적거리는 수동적이고 맹목적인 폐인처럼 살도록 만들 것 같았지만, 심리적 현상에서는 오히려 사람들을 능동적이고 적극적인 태도로 살아가는 활달한 생활인으로 변신시켰다. 또한 그것보다 훨씬 더 큰 범위에서 나타난 예정설의 사회 심리적 결과는 획기적인 것의 등장으로 이어졌다. 칼뱅주의자들도 전혀 예상하지 못했겠지만 그들의 그런 부담스러운 생활 방식이 경제 조직에 끼친 효과는 종교개혁보다 더 큰 사회 변화를 만들어냈다. 그것은 바로 오직 신만을 향한 무대인 세속적 직업 활동을 통해 자신이 구원받은 존재임을 드러내고 스스로 확신하는 일종의 '셀프'로 작동되는 '구원 증명론'의 출현이었다.

칼뱅주의의 예정설과 구원 확인론은 논리적·심리적으로 연결되어 서로를 보완하는 상호 보증 관계에 있으며, 동시에 양자가 조화되면서 신자들의 현실 생활과 경제 활동의 변화를 만들어낸다. 베버의 설명을 들으면, 종교개혁에서 자본주의 정신의 생성까지 영역을 넘나드는 극적인 변화들이 어떻게 연쇄적으로 일어날 수 있었으며, 또한 그것이 어떻게 눈앞에서 펼쳐지는 파노라마처럼 생생하게 상상되는지 놀랍기도 하다.

청교도적 생활양식

앞서 살펴본 루터의 직업 개념에 대한 베버의 분석은 1904년 발표한 이 책의 제1부 후반부에 해당한다. 미국 방문 이후에 집필한 제2부는 앞서 제기한 문제에 답하면서 스스로 그 물음을 거두어들이는 과정이라고 할 수 있다. 베버는 그 첫 장을 금욕주의적 성향을 띠는 개신교 윤리의 토대를 다시 정밀하게 분석하는 데 할애한다.

베버가 근대적 경제 윤리를 창출할 잠재력을 가진 것으로 파악한 청교도 윤리가 서구 사회에 점차 확산되고, 이기적 욕망을 바라보는 시선에서 달라진 점은 무엇일까? 사람들은 기업 활동에 전력을 기울이고 잠을 줄여가며 상업 활동에 매진해 이윤을 추구하는 사람들을 이제 더 이상 돈만 밝히는 탐욕적인 인간들로 폄훼하지 않게 되었다. 오히려 신이 부여하신 과업을 성실하게 수행하는 그들의 모습에서 정직하고 신뢰감 가는 양심적이고 영적인 신앙인이 보인다고 고백하는 사람들이 늘어났으리라. 또한 그 직업 활동을 통해 얻은 이윤을 자본으로 재투자하고, 저축한 부를 쉽게 쓰지 않고 검소하게 소비하는 활동은 이 땅에서 하나님의 나라를 위해 기여하는 거룩한 것으로 재평가되었다.

전통적으로 이익이 될 것 같으면 먼저 움직이고, 손해가 될 것 같으면 결코 먼저 손을 내밀지 않는 철저히 계산적인 사람들은 이기적인 자들의 대명사였지만, 개신교의 새로운 윤리적 가치에서 인간의 모든 부는 하나님으로부터 온 것이다. 왜냐하면 프로테스탄트들은 스스로를 하나님이 맡긴 부를 관리하는 청지기, 즉 신국(神國)의 재산 관리를 잠시 맡은 하인 또는 하수인에 불과하다고 간주했기 때문이다. 청교도들의 믿음 체계에서는 이 땅의 모든 물질적 풍요로움은 오직 하나님의 뜻을 따라, 즉 지금 이 땅에 하나님의 풍요로운 나라를 건설하는 것을 위해 사용되어야 하며, 그리하여 그 모든 행위들은 하나님께 더 큰 영광을 돌려드리는 과정이 된다.

따라서 더 큰 부를 이루기 위해 경건한 신앙인들은 사치와 향락을 개인적 삶과 공동체에서 멀리하고, 근검절약을 철두철미하게 실천하고 권하는 생활 윤리를 체득한다. 그리고 줄어든 소비만큼 부가 더 빠른 속도로 축적되어 시간이 지날수록 기업은 점점 막대한 자본금을 형성하게 된다. 나아가 자신의 정직한 노동으로 돈을 벌어 부자가 되었더라도, 그 재산을 더 많은 생산 활동과 교회를 위해 쓰기보다 자신과 가족을 위해서만 사용하는 것은 죄악시되거나 비난받을 행동으로 간주되었다. 이러한 경건한 태도를 세속에서 유지하는 청교도의 생활양식은 곧이어 '청교도적인 것'이라는 가치 체계를 형성하고 확산시켰다. 그들은 17세기에 부를 축적한 신흥 상인들이 몰락한 귀족의 작위와 영지를 구매하여 중세 봉건영주의 귀족적 생활양식을 모방하는 것이 유행처럼 번졌을 때도 그 과소비 행렬에 동참하지 않았다. 그들의 눈에 비친 그런 허세 부리는 것의 천박함이란 수구적인 귀족들의 작태, 즉 하나님의 영광을 위한 삶이 아니라 오직 자신들의 쾌락과 욕망을 충족하는 데 혈안이었던 모습과 다를 바가 없었을 것이다. 베버는 앞서 언급했던 직업·노동에 대한 소명 의식과 더불어 경제 활동과 부의 축적을 바라보는 관점의 전환을 분석하면서, 청교도가 실천한 '근대적 윤리'를 재구성할 수 있었다. 그리고 그는 이 근대적 경제 윤리가 합리주의의 가치로 재편된 그들 생활양식의 기초에 놓여 있었기 때문에 '경제적 전통주의'를 완전히 몰아내고 자본주의 정신을 출현시킬 수 있었다고 평가했다.

물론 이러한 흐름은 근대 초기 자본주의의 소박한 모습, 즉 시초 축적에 관한 이야기일 뿐이다. 오늘날의 자본주의 경제에서는 소비 없이 생산이 늘어나지 못하고, 수요 없는 공급은 불가능하며 투자 없이 이윤 없다는 점이 상식이며, 금리 조정과 국민적 소비 진작을 통해 통화를 증가시키는 경기 부양책이 상시적으로 집행된다. 한국 사회는 '하이 리스크 하이 리턴(high risk high return)'을 거의 상식으로 받아들이고 건전한 자본 투자와 도박과 다를 게 없는 투기 사이의 경계가 모호해졌다. 이런 시간적 간극으로 인해 베버가 탐구하는 '근대' 자본주의 시대는 사실상 자본주의의 고전기라고 부르는 게 어울릴 시대였다. 이미 20세기 초의 뉴욕에서 베버는 자신이 그 기원을 밝히려하는 '자본주의 정신'이 온데간데없이 사라진 모습을 목격하고 있었기 때문이다.

그런데 베버의 인식과 달라지지 않은 점은 철저히 자본주의적 인간으로 사회화된 현대인의 인식과 가치관에 들어 있다. 자본주의 사회에서 자신이 선택한 직업에 성실히 임하고 이른바 '프로' 의식을 가지고 전문성을 키우기 위해 최선의 노력을 기울이는 것은 생존을 위한 필요성 이전에 그 자체로 바람직한 미덕이자 의무로 간주된다. 자기 목표를 이루기 위해 집중하여 열심히 하다 보면 그것에 대한 보상으로서 매출이나 연봉은 그뒤에 따라올 것이라는 말은 비단 프로 스포츠 산업의 운동선수들만 하는 것이 아니다. 문득 돌아보자면 베버가 말한 근대 자본주의 정신은 현대 자본주의 사회의 경제 주체들이 지향하는 합리적(이라고 믿는) 경제 윤리에도 내면화되어 있다. 각 개인들은 자본주의에 최적화된 문화적 질서를 누군가에게서 직접 교육받은 적이 없더라도, 그런 규범화된 가치에 이미 강제되어 따르거나 마치 스스로 선택하듯이 수용할 수밖에 없기 때문이다.

투쟁 과정을 통한 자본주의 정신의 확산

여기서 베버는 독자들에게 질문을 던진다. 어떻게 이처럼 경제 활동에 대한 도덕 판단의 기준이 전향적으로, 그것도 비교적 신속하게 변화할 수 있었을까? 우선 두 가지 답변이 가능할 것이다. 첫째, 오랜 세월이 흐르면서 시대 변화에 맞추어 가장 적합한 경제 윤리가 진화론의 자연선택처럼 자연스럽게 선호되었고 이제는 그것만이 살아남았다고 보는 이른바 자연도태설이다. 둘째, 자본주의 발전 과정에서 특정한 역사적 시기에 대립하는 두 세력의 가치 체계가 보이지 않지만 치열하게 투쟁했고, 승자의 입장이 주류 사상으로 형성되어 살아남았다는 입장이다. 굳이 이름을 붙인다면 경제 윤리 패권 투쟁의 승자 독식설이라 할 수 있을까. 근대 자본주의 도래 이전과 이후를 가르는 이 극명한 전환에 대해 베버는 후자의 손을 들어준다. 그는 근대 자본주의 정신이 결코 자연스럽고 평화롭게 만들어진 것이 아니라는 입장을 강조한다. 즉 이 '정신'은 역사적 투쟁의 산물이라는 주장이다.

그런데 베버가 손을 들어주기 이전에, 이미 첫 번째 선택지는 논리적 결함을 갖고 있다. 어떤 경제 윤리가 역사적으로 구성된 것이 아니라 경제 주체들이 선택한 것이라면 그것은 그 선택 이전에 이미 독립적으로 존재해야 하기 때문이다. 이는 자본주의 정신의 '유래를 밝히려고 하는' 베버의 사회학적 탐색 작업과 서로 충돌된다. 그래서 '자본주의 정신이 어떻게 발생했는가'라는 베버의 물음에 대입해보자면, 앞의 첫 번째 설명 방식은 그것은 '이미 거기 있었다'는 말만 되풀이하는 동어반복적인 답변이 된다.

베버는 자본주의 정신이 격전의 장을 통과한 결과물로서

형성된 것이라는 주장을 뒷받침하기 위해 앞서 언급했던 벤저민 프랭클린을 다시 소환한다. 베버는 그의 출생지인 보스턴이 당시 미국의 다른 동부 지역에 비해 자본주의 발전이 뒤처진 곳이라고 소개한다. 금욕주의적인 생활 방식을 실천하면서도 시장에서의 경제 활동과 이윤 창출을 적극적으로 추구한 프랭클린의 태도는 당시 보수적인 지역 사회에서 '추잡스러운 탐욕과 아주 상스러운 생각'을 드러내는 것으로 폄하되거나 배척되었다고 한다. 심지어 프랭클린이 죽고 100여 년이 지난 후인 베버의 시대에도 그런 문화는 남아 있었다고 전한다. 베버에 따르면 그는 일반적으로 근대 자본주의 경제 환경에 적응하지 못하던 집단에 의해 배척당했다.

베버는 이러한 적대적인 전통 경제 윤리에 대해 자본주의 이전 사회가 근대 자본주의 사회와 명백하게 차이를 갖는 점이 바로 이것이라고 지적한다. 영리 추구 활동과 금전욕, 즉 현재 가진 것에 만족하지 않고 더 많은 돈을 벌어 부를 추구하려는 욕망 자체를 금기시하는 윤리는 베버가 보기에 그 자체로 자족적인 것이 아니라 어떤 '결여'의 대상이다. 그는 거기에서 그런 욕망을 긍정할 수 있는 윤리적 판단 기준의 결여, 즉 자본주의 정신의 결손 상태를 보편적 지평에서 이해한다. 그리고 그는 그 결여가 근대 이전의 유럽이나 유럽 밖의 다른 문명 사회에서 공통적으로 관찰되며, 자본주의를 촉진하는 물질적 요소가 있었지만 그것이 원인으로 작용해 근대 자본주의가 발전할 수 없거나 발전이 지체되는 결과로 나타났다고 주장했다. 물론 이런 주장에 대해 어떤 독자들은 비판이나 반론을 즉각 제기하고 싶을 것이며, 베버의 서양 중심적 관점을 어떻게 볼 것인지는 지금도 여전히 논쟁적인 부분이다.

아주 드문 역사적 현상으로서 전통적 가치와의 투쟁을 거쳐 탄생한 이 독특한 정신세계에 대해 베버는 이것은 적대적이고 억압적인 힘이 누르는 상황에 맞서서 어렵고 외로운 투쟁을 펼치는 과정을 통해 오히려 관철될 수 있었다고 분석했다. 규범적 생활양식, 즉 '마땅히 따르고 지켜야 할 본보기'가 된 생활의 관습과 원칙은 이제 '윤리'의 외피, 즉 하나님이 보증하시기에 당위적으로 지켜야 할 종교적 도리로서 등장하여 사람들의 삶과 일을 보호한다. 베버가 보기에 이 근대 자본주의 정신은 전통주의라고 불리는 구시대의 생활양식과 자웅을 겨루어야 했다. 그는 전통주의의 파급력을 설명하기 위해 기업가와 노동자의 관계에 따른 노동 의욕의 변화에 대해 추적한다.

베버를 따라 먼저 살펴볼 요소는 자본주의 사회의 노동자에 해당하는 피지배계급인데, 그들은 전통 사회에서는 주로 지주에게 고용된 농부들이다. 그런데 그들에게는 곡물 수확량을 늘리면 보수를 더 주겠다는 성과급 제도가 효과를 발휘할 수 없었다고 한다. 주어진 할당량을 채우고 자신의 생활에 필요한 만큼 수확물을 가져가거나 돈을 벌면 그것에 만족해하는 태도에 익숙한 사람에게는 피곤한 몸을 이끌고 더 많은 일을 하게 만드는 다른 심리적·문화적·종교적 동기가 개입될 여지가 없기 때문이다. 그런데 이러한 전통적 노동 관습은 농업 사회에서 자본주의 상품경제로 발전하기 위해서는 걸림돌로 작용할 수밖에 없다.

　반면, 분업과 협업 그리고 기계를 통해 대량생산을 추구하던 초창기 기업에는 경험이 풍부한 숙련 노동자나 반복 작업 속에서도 집중해서 섬세하게 작업할 수 있는 능력을 갖춘 노동자가 필요하다. 고용주 입장에서 그들에게 요구되는 가장 중요한 덕목은 전통 장인의 기술력이나 젊은 일꾼의 강한 완력이 아니었다. 그것은 마치 자신이 최종 책임자가 된 듯 능동적으로 임하며 자기가 맡은 일 자체를 완수하기 위해 적극적으로 참여하는 주인 의식이라고 할 수 있다. 그런데 이런 노동자의 책임감은 저임금을 받고서는 발생할 수 없는 것인데, 그렇다고 해서 무조건 보수를 높인다고 커지는 것도 아니어서 지속적으로 기대하기 어려운 것이다. 베버는 여기서 필요한 것이 바로 노동 그 자체를 '의무'처럼 대하는 새로운 태도라고 말한다. 이것은 앞서 살펴봤던 직업 노동에 대한 소명 의식에 다름 아니다. 베버는 여기서 소명 의식과 함께 노동자에게 필요한 태도로서 경제에 대한 합리적 사고, 신중하고 사려 깊은 태도, 자신을 통제할 수 있는 자제력 및 절제력 등을 강조하고 그런 덕성은 종교적 교육을 통해 육성될 수 있다고 말한다. 따라서 근대 자본주의를 살아가는 노동자에게 필요한 정신적 유산은 오랜 기간 동안 이루어지는 종교적 사회화 및 '교육 과정의 산물'로 획득된 것으로 볼 수 있다.

> 노동을 자신의 목적으로, 즉 자본주의가 요구하는 '직업(소명)'으로 파악하는 것은 이런 경우 종교적 교육의 결과로 나타난 것이며, 이것은 무엇보다 전통주의의 낡은 관습을 극복하는 것이다.(1부 2장)

다음으로 자본주의 사회에서 자본가나 기업가의 이윤 동기에 해당하는 부분이 전통 사회에서는 어떻게 전개되었는지 살펴보자. 여기서 베버는 좀바르트와 자신의 입장을 다시 대비한다. 앞서 '자본가 정신'으로서 '자본주의 정신'을 파악했던 학자로 등장했던 좀바르트는 경제사를 분석하면서, 자본가에게는 두 가지 경제 동기가 작동한다고 주장했다. 그것은 필수적으로 요청되는 욕구를 만족시키는 '수요 충족'과 더 많은 이윤을 획득하려는 욕구인 '영리 추구'이다. 그는 이 구분에 따라 역사적 경제 구조의 특성을 '수요 충족 경제 체계'와 '영리 추구 경제 체계'로 일반화하고, 후자에 해당하는 경제 체제는 자본주의로 파악한다. 즉 같은 노동이라 하더라도 자신이 직접 먹기 위해 텃밭에서 채소를 기르는 것은 수요 충족 경제 활동이지만, 시장에 채소를 내다 팔기 위해 더 큰 규모로 농사를 짓는 것은 영리 추구 경제 활동인 것이다.

하지만 베버는 이런 구분법이 유효성을 갖더라도 이 두 가지는 전통적인 경제 구조에서 모두 발견되는 것이므로 근대 자본주의를 분석하기 위한 틀로 부적합하다고 보았다. 또한 좀바르트의 주장과 달리 자본주의 경제에서도 수요 충족의 동기는 얼마든지 찾을 수 있다고 반박한다. 그래서 좀바르트가 정당화를 시도한 두 경제 양식의 구분법은 근대 자본주의의 특징을 포착하지 못하며, 더군다나 자본주의 정신의 독특함에 대해서는 유의미한 분석을 할 수 없는 것이 된다. 또한 그의 주장을 따라가면 결국 근대 자본주의는 노동자나 다른 생산 기술의 도움 없이 오직 '자본주의의 주인공'으로 간주된 자본가의 욕구 충족 과정을 통해서만 발전 계기를 갖추는 체제가 된다.

따라서 베버의 논지를 따르자면 자본주의 정신의 핵심은

'영리 추구'의 욕망이나 주체가 아니라, 직업 노동을 소명으로 받아들이고 그것을 통한 부의 축적을 긍정하는 직업 윤리로 모아진다. 물론 그것은 앞서 살펴봤듯이 가톨릭이 지배하던 전통적인 유럽 사회에 만연해 있던 노동 윤리의 비합리성에 대해 도전하고, 이윤 추구를 죄악시했던 낡은 경제 윤리와의 대결을 회피하지 않는 과정을 통해 살아남은 가치였다.

중세와 근대 사이 과도기의 핵심 세력으로 부상했고 유럽에서 일어난 일련의 시민혁명을 이끈 부르주아 계급은 원래 중세 자치도시에서 수공업 장인들을 중개하며 소자본을 축적한 중산층 상업가들이었다. 그들은 '안락하고 쾌적한 옛 생활 방식'에 젖어 있기도 했고, 귀족 계급의 문화적 취향을 모방하고 자신들은 누릴 수 없는 귀족의 세습 권력을 욕망했다. 그런데 그들의 일부가 개신교 신도가 되어 자본주의 발전을 이끄는 세력이 될 수 있었던 것은 돈·금·땅에 대한 그들의 지칠 줄 모르는 욕망이나 사업 수완이 아니라, 그들이 바로 '쓰지 않고 벌려고만 하는' 새로운 정신을 당당히 대변하는 자들이었기 때문이다. 베버가 주목하는 자본주의 정신을 형성하는 데 기여했던 불특정 다수의 개신교 신자들이나 청교도들 그리고 프랭클린은 그들의 계급적·종교적·혈연적 후예가 아니라, '그 근대적 정신'의 후예였다.

제2부 제1장의 논의는 다음과 같이 마무리된다. 호흡이 긴 문장이 포함되어 있지만, 그동안의 탐구를 정리하는 베버의 육성이 느끼며 이 책의 마지막 장으로 넘어가보자.

기독교적 금욕주의는 처음에는 가톨릭 신앙을 통해서 세속과 단절하고 고독 속으로 들어가서 세속을 거부하며 수도원에서 생활하면서도 교회를 통해 세속을 지배했지만, 사람들의 세속적 일상을 자연스럽고 자유롭게 보내는 것을 대체로 내버려두었다. 하지만 이제 개신교가 등장하면서 기독교적 금욕주의는 수도원의 문에 못질을 하여 다시는 거기로 되돌아갈 수 없게 만들고 나서, 온갖 것들이 뒤섞여 요란하고 혼란스러운 세속의 삶으로 들어가서, 그 세속적이고 일상적인 삶을 자신의 방식으로 조직하는 과업에 착수하여, 세속 안에서 사람들의 삶을 합리적으로 조직된 삶으로 변화시키기 시작했다. 하지만 그런 변화 과정은 '세속에 의해' 이루어진 것이 아니고 '세속을 위해' 이루어진 것도 아니었다. 우리의 다음 과제는 그런 변화가 어떤 결과를 초래했는지를 살펴보는 것이다.

(2부 1장)

금욕주의와 자본주의 정신

노동이 그대를 자유롭게 하리라!?

제2부 제2장의 서두에서 베버는 신학적 저술을 살펴봐야 하는 이유를 아래와 같이 설명한다. 그 당시는 성찬(The Holy Communion) 행사에 참여할 수 있는 자격 여부로 기독교인의 사회적 지위를 판별했던 시대였으며, 당시 신도들에게 중요한 과제는 내세의 삶이었다. 성직자들의 목회 활동이나 교회의 규율이 주는 감화가 베버에게나 21세기의 독자들에게나 상상할 수

없을 만큼 큰 영향력을 행사한 시대였다는 것이다. 17세기는 말 그대로 종교적 힘이 곧 '국민성'을 결정적으로 형성하던 시대였기 때문이다.

물론 그 분석의 대상이 되는 저술은 영국의 청교도 신앙에 관한 것이다. 다시 요약하자면, 근대 자본주의적 직업 개념을 가장 일관된 논리를 통해 하나의 종교 사상으로 확립한 분파는 청교도였기 때문이다. 그래서 먼저 분석하는 대상은 바로 청교도의 대표자들 중 한 사람인 리처드 백스터가 남긴 글이다. 베버가 보기에 그는 실천적이고 평화주의적 태도를 가진 장로교인이자 극단적 칼뱅주의로부터 벗어나 있었다. 또한 백스터는 대중적으로 오랫동안 읽히고 있는 그의 저작들에서 보듯이 청교도 윤리를 대표하는 저술가였다. 그를 통해 베버가 지적하는 청교도 금욕주의의 단면을 살펴보자. 여기서는 노동과 시간 관리가 금욕 생활을 강제하는 수단으로 가장 중요하게 다루어진다.

청교도들이 도덕적으로 비난받아 마땅하다고 여긴 것은 자신이 가진 부에 안주해서 그 부를 누리며 육체적 욕망들을 채우는 일에 몰두하면서 게으르고 나태한 삶을 영위하는 것, 그리고 무엇보다도 '거룩한' 삶을 추구하는 것에서 멀어지는 것이었다. (……) '성도의 영원한 안식'은 내세에 있기 때문에 현세에서는 자신의 구원을 확증하기 위해 '낮인 동안에는 자기를 보내신 이의 일을 하는' 것이 마땅하다는 것이다.(2부 2장)

시간을 허비하는 것은 온갖 죄들 중에서 으뜸가는 죄이고 원칙적으로 가장 중대한 죄다. (……) 벤저민 프랭클린이 천명한 '시간은 돈이다'라는 공리는 아직 백스터에게서는 발견되지 않지만 그에게서도 신앙적 의미에서 그런 취지는 실질적으로 잘 드러나 있다. 사람이 일하지 않고 허비하는 시간은 하나님께 더 큰 영광을 돌아가게 하는 일을 할 수 있는 시간을 허비한다고 본다는 점에서 시간은 무한히 소중한 것이었다.(2부 2장)

또한 금욕의 규율은 결혼 생활에도 적용되었다. 부부 사이의 성관계는 제한적으로, 즉 '생육하고 번성하라'는 하나님의 명령에 따라 그분께 영광을 돌려드리기 위한 '자녀들의 정상적 생산'의 필요성으로서만 허용된 것이다. 그런데 당시 종교적 가르침에서 특이한 점은 성적 유혹을 이겨내는 방법이자, 종교적 의심을 덜어내기 위한 수단이며 절식, 채식, 냉수욕 등과 같은 온갖 방법들을 병행하여 강조되는 것은 결국 다시 '너의 직업에서 열심히 일하라'는 직업 노동이라는 점이다. 그래서 노동은 권면의 대상이 아니라, 하나님이 정한 삶의 목적 자체에 이미 포함되어 있는 의심할 수 없는 공리이자 의무로 다루어졌다.

그런데 백스터의 주장은 자연스레 독일의 오래된 격언이자 1873년 로렌츠 디펜바흐(Lorenz Diefenbach, 1806~1883)가 쓴 동명의 소설 제목을 떠올리게 만든다. '노동이 그대를(너희를) 자유롭게 하리라(Arbeit macht frei).' 그것은 제1차 세계 대전 이후 패전국이 된 바이마르 공화국의 공공사업이 내걸었던 표어였다가 이후 히틀러 치하에서는 강제수용소들의 정문에 붙어 있었기 때문에 지금도 악명 높은 문구로 남아 있다. 그곳은 학살을 위한 공간이었으니 그 문구는 그 자체로 이미 기만적이었는데, 나치의 악몽을 떠올리게 만드는 그 말은 현재 독일에서는 입 밖에 내는 것조차 금기시된다. 노동은 과연 시대를 막론하고 인간의 삶을 행복으로 이끄는 필수적이고 필연적인 수단이라고 할 수 있을까? 인간의 운명적 고난이나 자발적으로 행해지는 종교적 과업이 아니라 노동이 진정 인간의 자유로운 삶을 위한 조건이 되려면 어떤 조건이 필요할까? 쉽게 답변하기 어려운 물음이다. 일하지 않아도 되는 삶을 꿈꾸지만 일찍 퇴직한 사람들 중 일부는 생계를 위해서가 아니라 다른 이유를 들

아우슈비츠 강제수용소 정문에 붙어 있는 표어. "노동이 그대를 자유롭게 하리라."

며 계속 더 일하고 싶어 한다. 우리 시대의 노동 윤리를 드러낼수 있는 문구나 자신이 생각하는 노동에 대한 가치를 독자들에게 묻는다면 어떤 경구가 떠오르는가.

　여하튼 17세기의 순수한 종교적 형태의 직업 윤리는 점점퇴조했는데 18세기의 존 웨슬리(John Wesley, 1703~1791)는 그것을 지적하면서도, 베버가 포착하려 했던 종교와 경제의 연관관계를 보여주는 어떤 정신적 가치, 즉 이 책에서 찾아헤매던그 핵심 연결고리를 명백히 표현한다. 웨슬리는 영국 청교도 분파 중 복음주의 부흥을 처음 시작하고 사실상 감리교의 창시자로 간주되는 인물이다. 다소 길지만 중요한 부분이니 읽어보자.

> 내가 염려하는 것은 부가 증대되는 곳에서는 언제나 종교적 알맹이가 그 부에 반비례해 감소했다는 사실이다. (……) 종교는 필연적으로 근면(industry)과 검약(frugality)을 낳을 수밖에 없으며 또한 그것들은 부를 창출할 수밖에 없기 때문이다. 그러나 부가 증대하면 그에 따라 모든 형태의 자만심과 분뇌 그리고 세상에 대한 애착이 증가한다. (……) 그리하여 종교의 형식은 그대로 남아 있으나 그 정신은 점차 사라져간다. 이처럼 순수한 종교가 계속 타락하는 것을 방지할 수 있는 방법은 없는가? 우리는 사람들이 근면하고 검약하게 사는 것을 방해해서는 안 된다. 우리는 모든 기독교인들에게 벌 수 있는 모든 것을 벌고 절약할 수 있는 모든 것을 절약하도록, 즉 그럼으로써 부유해지도록 권면해야 한다. (이어서 다음과 같은 권면이 뒤따른다. 즉 그런 자는 또한 '베풀 수 있는 모든 것을 베풀어' 더 많은 은총을 받고 천국에 보화를 쌓아야 한다.)(2부 2장)

개신교 직업 윤리

이제 이 책에서 베버가 남겨두고 있는 탐구 과제는 금욕주의적 윤리가 자유로운 이윤 추구 활동을 보장하는 자본주의와 어떻게 관계를 맺었으며, 그 자본주의적 합리화를 어떤 방식으로 더욱 강화했는지 밝혀보는 것이다. 예정설을 통한 구원론은 생활 심리적 차원에서 금욕주의 윤리를 불러들였고, 금욕주의는 다시 개신교 신자들이 구가하는 삶의 태도 변화와 노동에 대한 의미를 바꾸는 직업 윤리의 재구성을 추인했다. 그리고 이 경제 활동 원리와 경제 윤리의 변화는 점차 그들의 삶을 자본주의적 성취로 이끌었다. 이어서 번성한 기업 활동과 풍족한 부의 축적은 더 많은 직업 노동자들과 그들의 이익을 창출했다. 이러한 종교와 자본주의 사이의 역동적이면서도 조화로운 관계는 공진화(共進化, coevolution)라는 진화생물학 개념을 떠올리게 만든다. 그것은 서로 독립된 여러 생물 종 사이에서 상호작용이 일어나면 공생(共生, symbiosis) 관계뿐만 아니라 심지어 서로에게 적대적이었던 관계에서도 생존에 더 유리한 변이가 자연 선택되어 그것이 유전적으로 고착되는 과정, 즉 한 집단이 진화하면 관련된 다른 집단도 함께 진화하는 현상을 가리킨다.

베버는 개신교의 금욕적 생활 윤리가 자본주의 경제 관계에 끼친 연관성을 드러내기 위해 우선 개신교 각 분파의 특성을 보여주는 대표 인물들을 선정하고 그들이 남긴 기록을 검토한다. 거기에는 개신교만의 생활 태도가 어떻게 노동과 직업 활동 또는 기업과 사업 운영을 조금씩 바꾸었는지가 담겨 있다. 물론 그것들은 교리를 해석하는 신학적인 글이 아니라 신도들의 삶에 도움이 될 수 있는 생활 규범들을 구체적이고 쉽게 풀어쓴 교양 자료였다. 물론 이러한 비신학적인 접근 방법은 후에 베버에 대한 비판을 낳기도 했다. 그가 인용한 백스터의 글을 통해 17세기 당시 직업 노동에 대한 개신교 신자들의 태도를 엿보자.

> 확실한 직업이 없는 경우 인간의 노동은 불규칙한 우연적 노동에 불과하며, 노동보다는 태만에 더 많은 시간을 낭비한다. (……) 그리고 그(직업 노동자)는 자신의 노동에 규칙성을 부여하는 반면, 그렇지 않은 자는 끝없는 혼란에 빠져 일할 장소와 시간을 알지 못한다. (……) 그러므로 확고한 직업, 일정한 직업은 모든 사람에게 최선의 것이다.(2부 2장)

베버는 백스터의 말을 통해 당시 개신교 지도자들이 노동 자체보다 체계적인 노동의 필요성을 강조하는 점에 주목했다.

직업 활동을 영위하기 위한 노동은 불규칙한 날품팔이 생활이나 막노동보다 삶의 규칙성을 확보하게 해주므로 훨씬 합리적인 것이고, 이왕이면 수입이 적은 직업 노동보다는 많은 수익을 얻을 수 있는 직업 노동이 더 가치 있다는 생각은 어떤 관념에 기초한 것일까? 여기서 합리적 직업 노동은 주도면밀하게 계획을 세우고 노동하면 그 성과를 잘 예측하고 대비할 수 있어서 효율성이 커지는 노동이다. 그 노동은 단지 먹고 사는 문제를 해결하기 위한 것이 아니라, 인간이 범접할 수 없는 영역에 예정되어 있는 각자의 내세 구원을 증명하는 신성한 과업이기 때문에 상황이나 여건에 맞추어 되는 대로 함부로 임할 수 없는 노동이다. 지금은 상상하기 어렵지만 자기 구원의 여부가 다른 가치보다 큰 영향력을 갖고 있던 당시에 어떤 신도가 주먹구구로 자신의 구원을 증명하기를 원할까.

그들에게 당신은 '먹기 위해 사는가, 일하기 위해 먹는가'라고 묻는다면, 뭐라고 대답했을까? 아마도 '저의 구원을 확인받고 증명하기 위해 저의 남은 삶을 거룩하게 채워가고 싶습니다.'라는 답변이 들려오지 않을까? 신 앞에서 한없이 초라하고 타락한 존재인 피조물은 어째서 그렇게 영리 추구 활동 그 자체에 진심과 전력을 다할 수 있었을까? 겉으로 봤을 때, 그들은 더 많은 재물을 모으려고 할 뿐 쉬면서 돈을 쓰거나 향락을 즐기는 생활을 거부했다. 아니 본인만 거부하는 것이 아니라, 그렇게 사는 사람들을 보고 혀를 차며 도덕적으로 비난했다. 그런데 자신이 열심히 벌어놓은 돈을 쓰며 몇 달 동안 휴식하며 재충전의 시간을 갖고, 여행을 여유롭게 다니며 다음 행보를 구상하고, 때로는 자기 자신의 취향을 드러내기 위해 사치스러워 보이는 것들을 소비하며 만족하는 삶은 오늘날 거의 모든 사람들이 희망하거나 멋있는 '라이프 스타일'이라고 생각할 것이다. 반면, 당시 개신교 공동체의 정신세계에서는 지상의 세계에서 피조물 따위가 삶을 느긋하게 향유하는 것은 하나님께 영광을 돌리기 위해 사용해야 할 이 귀한 시간을 낭비하고 자신의 의무를 방기하는 것으로 비쳤다. 그들의 삶 속에서 비효율적으로 시간을 관리하는 '태만', 저축 없는 재물의 '탕진', 동물적 본능에 매몰된 '정욕'은 거룩한 신앙생활의 방해물로서 몰아내야 할 악한 대상이었다.

여기서 스트레스에 예민하고 피로감과 싸우며 주말을 기다리는 현대인들은 반문을 제기할 것이다. 휴식 없이 계속 긴장된 상태로 사는 노동자는 일의 능률도 오르지 않고 업무에서 효율성과 창의성도 떨어져 결국 전체 조직의 노동생산성과 매출도 떨어질 것이라는 물음이다. 오늘날의 노동자들은 절제된 휴식이나 휴가는 노동력의 소모나 시간 낭비가 아니라 자기 자신에 대한 투자라는 생각에서 그치지 않고, '워라밸(work-life balance)'이라는 신조어처럼 직업 노동과 사생활의 균형을 중시한다. 이와 달리, 17세기의 청교도들은 '일과 삶의 조화'라는 가치 자체를 인식하지 않았을 뿐만 아니라, 얼마의 시간 동안 어떻게 쉬어야 낭비하지 않고 최적의 효율성을 가진 노동, 즉 합리적인 노동을 할 수 있는지는 개인차가 크기 때문에 일괄적으로 규정하기가 어렵다고 간주했다. 하지만 그들에게 더 중요한 문제는 하나님과 나 자신의 관계였다. 그런 노동의 현실적 조건은 결국 내가 이해하는 신과 피조물의 관계에 비추어 스스로 결정할 사안이었고, 그 결정에 대한 판단은 신이 하게 될 것이기 때문이다.

이처럼 직업 노동 자체를 신성시한다는 것은 노동을 회피하는 데 이용할 수 있는 방법들을 회피하는 것과 같은 결과를 낳았다. '근무 태도'를 감시하는 사람은 고용주, 상사, 동료가 아니라 바로 자기 자신이었다. 물론 궁극적으로 '나'를 훤히 내려다보고 계신 하나님이 감시자이겠지만 신과 단절된 채 살아가는 피조물은 스스로 대리 감시자를 자처하게 된다. 이처럼 언제 어디서든 숨어 있을 수 없기 때문에 꾀병을 부리거나 엄살을 피울 생각조차 하지 못하게 된다. 물론 노동에 매진하면 자연스레 금욕적 생활을 할 수밖에 없는 수행적 효과가 생기기도 한다. 노동에 대한 이러한 종교심리적인 효과로서 '자기검열'의 메커니즘은 공리주의자 제러미 벤담(Jeremy Bentham, 1748~1832)이 18세기 후반에 설계했던 감옥 건축 양식인 판옵티콘(Panopticon), 즉 간수가 한눈에 모든 죄수들을 볼 수 있는 원형으로 구성되어 언제든 감시당할 수 있다고 믿는 체계를 떠올리게 만든다. 물론 오늘날의 도시 내부 거의 모든 곳에서 작동하는 다양한 감시 카메라들도 동일한 효과를 산출하고 있지만, 그에 비해 17세기의 개신교 노동자들은 자신의 구원을 증명하기 위한 규율을 지키기 위해 훨씬 자발적으로 스스로를 통제했다. '노동 의욕의 결핍은 구원받지 못한다는 사실의 징후'라는 백스터의 말을 듣고도 섬뜩한 공포를 느끼지 않았을 신도들은 거의 없었을 것이다.

이제 직업 활동에서 합리성이 가장 중시되면서, 더 효율적인 경제 활동이 가능하다면 다른 직업이나 직장으로 이직하거나 여러 개의 직업을 갖는 것도 사회적으로 정당화될 수 있었다. 그리고 도덕적으로 하자가 없고 정직한 직업 활동을 통해 얻는 수익도 신께서 섭리하신 것이기 때문에 수익 활동의 정당성도 신을 통해 보증될 수 있었다. 즉 그 고귀한 의도를 인간이 알 수는 없지만, 개인들의 새로운 이윤 추구가 가능한 것은 삶의 구석구석을 다스리는 하나님이 그 기회를 허락했기 때문이라는 논리이다. 그래서 신자라면 그런 부르심에 마땅히 따라야 하며 그 복된 기회를 잘 사용할 줄 알아야 한다고 믿었다. 영리 추구나 더 많은 이윤을 얻을 수 있는 기회나 부자가 되는 길을 외면하는 것은 곧 하나님의 섭리를 거부하는 것으로 간주되기 때문이다. 이제 개신교의 경제 윤리는 점점 더 단순하게 대중화된다. 구원받고 싶은 자들이여, 직업 노동에 담긴 섭리를 믿고 당당히 돈을 벌어 저축하고 더 큰 부자가 되어라! 진정으로 하나님을 위해서라면 부자가 되기 위해 노동하는 것을 부끄러워하지 말라!

물론 이것은 모든 부와 부자에 대한 정당화가 아니라, 게으른 휴식에 빠져들었거나 향락적인 생활을 위해 부자가 되기를 욕망하는 것을 배제한다면, 신도들이 부자로 사는 것을 희망해도 아무 문제가 없다는 뜻이다. 그런데 여기서 주의할 점은 직업에 대한 종교적 사명을 실천하는 과정에서 부의 축적은 부수적으로 얻게 된 효과이므로 그것을 도덕적으로 허용한다는 논리가 작동하고 있는 것이 아니라는 것이다. 즉 부자가 되는 것은 신의 명령이기도 하다는 것이다.

그렇다면, 이런 '명령'은 노동자들을 더 많이 착취하고 수단과 방법을 가리지 말고 수익을 챙기라는 것을 뜻할까? 베버는 여기서 신약에 등장하는 '청지기(steward)' 이야기를 통해 그

참뜻에 대해 해석한다. 들을 청(聽)이라는 한자와 어딘가를 지키는 사람을 이르는 우리말 지기가 결합된 청지기는 흔히 쓰는 집사(執事)처럼 주인의 부탁이나 요청을 들어주며 집안일을 맡아보는 사람을 가리킨다. 주인의 뜻에 따라 재산이나 아랫사람들을 관리할 책임을 맡은 청지기는 신약에서는 그 의미가 확장되어 교회를 맡아 봉사하는 자나 하나님의 비밀을 맡은 자에 대한 비유로 쓰였다. 성경에 나오는 이야기는 이러하다. 먼 여행을 떠나게 된 주인은 자신의 재산을 세 명의 청지기에게 나누어 맡겼다. 일을 마치고 돌아온 주인은 자신의 재산이 청지기에 따라 달라져 있는 것을 보고받게 된다. 두 명은 주인의 재산을 거의 두 배로 불렸지만 다른 한 명은 아무런 노력을 하지 않고 그대로 갖고 있었던 것이다. 이에 주인은 앞의 두 청지기들을 칭찬하며 그들에게 더 많은 재산을 맡겼지만, 나머지 한 명은 내쫓아버렸다. 수익 활동을 활발히 하여 이윤을 많이 남기면 남길수록 하나님의 은총을 더 많이 받을 수 있다는 해석이 아니라면, 이 이야기는 무슨 의미를 신도들에게 전달하고 있는 것일까? 베버는 이것이 '하나님 나라'를 준비하고 있는 신앙생활의 태도와 자세, 즉 신이 허락하신 현실의 조건을 활용하는 성도의 의무에 대해 강조하고 있는 것이지 세속의 경제적 성취에 집착하라는 노골적인 의미가 아니라고 설명한다.

청교도들에게 이익 창출이란 그 자체로서 가치를 지니고 있다기보다는 주어진 자본, 시간, 기회를 활용하라는 신도의 의무를 잘 수행한 '증거'로서의 가치를 가진다고 보기 때문이다.

그래서 가난한 생활에 자족하며 사는 것은 자신의 신앙이 투철하지 못하다는 고백이 되고, 충분한 노동력이 있는 사람이 연민을 사며 구걸로 삶을 연명하는 것은 그 자체로 죄악이며 이웃에게도 피해를 준다고 믿는 생활양식은 개신교 사회에서 상식처럼 퍼지게 된다. '동냥에 응하는 것은 자선이 아니'라는 청교도들의 신조에서 보듯이, 스스로의 구원을 증명할 의지를 갖지 못하는 신도들은 단순히 나태의 죄를 짓는 데서 그치는 것이 아니라 '네 이웃을 사랑하라'는 계율도 위배하게 된다. 또한 이런 성실의 의무를 강조하는 금욕주의는 자연스럽게 과도한 오락이나 향락을 거부하게 된다. 물론 노동 활동의 능률을 올리기 위한 잠깐의 기분 전환 같은 적합한 목적을 가질 때는 예외로 하지만, 쾌감이나 즐거움을 얻기 위한 음주, 춤, 공연 관람, 스포츠 등 인간의 충동적 욕망과 음란함을 부추기는 모든 종류의 향락거리는 배척의 대상이 된다. 여기에는 종교적 의미가 희박한 문화예술 활동 일체, 그리고 미신적 요소가 강하고 단순한 유희의 대상으로 전락한 교회의 전통 축제 같은 것도 포함되었다. 심지어 예수 그리스도의 탄생을 축하하는 크리스마스 축제도 박해를 받았던 시기가 있었다.

또한 금욕주의적 생활은 사치스러운 소비 활동도 제한했는데, 그 명분은 하나님을 찬미하기 위해 사용되어야 할 치장들이 '엉뚱한' 곳에 쓰이는 것은 재산을 낭비하는 것이며 종교적 의무를 무시하는 것으로 간주되었다. 여기서 그치지 않고, 신체와 정신의 안락함을 추구하는 생활 태도를 조장하는 사물이나 언행도 금기시되었다. 앉으면 눕고 싶고 누우면 자고 싶은 인간의 간사한 마음을 경계하기 위해 어떤 이들은 작업을 수월하게 만드는 기구를 일부러 부수기도 했다. 오늘날 대부분의 사람들은 장차 부자가 되면 '어떻게 할 거야', '무엇을 살 거야'라고 다짐하며 현재의 곤궁을 버티고는 하지만, 금욕주의는 부자들에게도 목적으로서의 휴식을 허락하지 않았다. 축적한 재산이 감소하지 않도록 계속 노동하며 불려나가야 하고, 큰 부는 안락을 보장하는 것이 아니라 더 큰 책임감을 부여했기 때문이다. 현대인들의 시각에서는, 가뜩이나 지금보다 평균 수명이 현저히 낮았던 시절에 돈을 저축해도 마음 편히 그 돈을 쓸 시간도 눈치를 봐야 한다면 행복감을 느낄 수 있는 사람이 없겠다 싶을 것이다. 이처럼 돈을 열심히 벌어 신의 곁으로 가는 구원의 길을 닦아가되 최소한으로 소비하여 더 많은 저축으로 신의 나라를 준비하라는 개신교의 금욕주의적 가르침은 사치

재에 대한 소비를 원천적으로 차단했다. 그런데 앞서 살펴봤듯이 재화를 획득하는 경제 활동 과정은 사회적으로든 종교적으로든 합법화시켰으며, 어떠한 윤리적 질곡이나 심리적 거리낌도 남기지 않고 모조리 쓸어버리는 심리적 결과를 낳았다. 왜냐하면 그 영리 추구 활동은 신이 명령하신 것이라고 믿어 의심치 않아도 되었기 때문이다.

베버는 이 현상을 개신교 금욕주의의 역설(paradox)이라고 보았다. 원래 개신교 신자들의 금욕적 생활은 물질적 가치와 감각적 자극을 멀리하고 그것들로부터 현혹되지 않기 위해 시작된 것이지만, 오히려 결과는 정반대로 그들이 그것들을 더 끌어당기는 방향으로 나아갔기 때문이다. 결과적으로 개신교의 금욕적 생활양식은 재산 증식을 억압했던 전통 기독교 윤리를 대중적으로 완전히 극복하도록 만들었고, 소비 억제와 근검절약을 강조할수록 선순환적으로 기업가로 나아갈 수 있는 자본 축적은 용이해졌다. 또한 이런 생활 문화가 널리 퍼지면서 부자에 대한 막연한 부정적 시각도 사라져갔다. 그런데 이런 부수적 현상들보다 더욱 중요한 역사적 변화는 베버도 지적하듯이, 청교도의 인생관이 사회 전반을 보다 더 부르주아적인 특성을 갖도록 만들었고 경제 영역의 합리화 경향으로 나아가도록 추동했다는 점이다. 베버는 그런 새로운 인생관을 추종했던 집단은 계층 상승을 원하는 소시민과 농민들이라고 말한다.

> 청교도적 인생관의 영향력이 미쳤던 범위에서 그것은 모든
> 상황에서——그리고 물론 이것은 단지 자본 축적을 가능하게
> 한 것보다 더 중요한 것인데——부르주아적이고 경제적으로
> 합리적인 생활 방식을 띠는 경향을 갖도록 만들었다. 그 인
> 생관은 그런 생활 방식에 본질적인 것이었으며 특히 그 방식
> 에 관한 한 유일하게 철저한 담당자였다. 그 인생관은 근대적
> '경제인(Wirtschaftsmenschen)'의 요람이었다.(2부 2장)

이처럼 베버는 근대 자본주의 '정신'에 끼친 금욕주의의 영
향에 대해 그것은 자본주의와 상관없는 종교적 동기와 해석이
었지만, 자본주의적 생활의 확대라는 결과를 낳았다고 평가했
다. 그는 지속적이며 체계적으로 펼쳐지는 세속적 직업 노동
은 '최고의 금욕 수단'이었고, 그런 생활 방식이야말로 구원을
확신하는 자기 신앙의 진정성을 가장 확실하게 증명하는 방법
이라고 보증했던 '종교적 해석'은 '가장 강력한 지렛대'였다는
결론을 내린다. 즉 충실한 직업 노동을 통해 영위되는 금욕주
의 생활을 정당화하는 것은 내세의 낙원이라는 종교적 토대였
지만, 결과적으로 그것은 현세의 자본주의적 성취까지도 얻을

수 있는 발판이었던 셈이다.

　여기까지 읽은 독자들 중 몇몇은 자본주의의 문화적 원천을 개신교 신앙에서 찾을 수 있고, 그것을 인과적으로 설명할 수 있다 하더라도, 사실상 돈이 인간을 지배하고 있는 것 같은 오늘날에 '그게 다 무슨 소용인가'라고 생각할지도 모르겠다. 그런 청교도적 구원에 목적을 두고 '순수하게' 직업 노동에 매진하는 개신교 신자도 볼 수 없고, 금욕주의적 생활 방식을 토대로 '정직한' 저축을 통해 재산을 불려나가는 부자가 대체 어디 있냐고 물을 수 있기 때문이다. '우리 교회에 나오세요, 부자가 될 수 있습니다'라는 천박한 광고, 아니 교회 홍보 문구가 버젓이 바람에 나부낀다. 물론 '대기업'처럼 변모한 대형교회들은 그런 기복신앙을 자극하는 전도를 할 필요가 없어서 하지 않을 뿐이다. 교회 안에서나 밖에서나 이제 사람들은 돈 그 자체를 목적으로 바라보는 것을 은연중 당연시하기도 하고, '돈에 관심이 없다'고 말하는 희귀한 사람들을 더욱더 의심의 눈초리로 바라본다. 필요한 만큼이 아니라 원하는 만큼 돈에 대한 욕망을 표출하는 것은 거대 자본에 대한 경외심이나 숭배를 드러내는 것처럼 솔직한 표현이라고 간주된다. 또한 많지 않은 돈이 사람을 살리기도 하지만 기대하지 않았는데 굴러들어온 적은 돈이 사람을 망치기도 한다. 그래서 자본주의 사회에서 거의 모든 것과 교환될 수 있는 화폐에 대한 유혹은 너무 강력하기에 때때로 그것은 물신화(物神化)된다. 흔히 물신 숭배로 번역되는 페티시즘(fetishism)은 원래 종교학 용어인데, 어떤 물건에 초월적인 힘이 깃들어 있다고 믿으며 그것을 숭배하는 것을 말한다. 온전한 실체나 전체가 아니라 특정한 부분이나 수단화된 물건에 집착한다는 점에서 성적 페티시즘과 화폐 물신주의는 일맥상통하는 점이 있다.

생산력을 증진했던 중세의 일부 수도원이 그러했듯이 신교도들의 생활도 부유해지고 여유가 생길수록 금욕적 생활을 추구했던 처음의 이상과 멀어졌다. 개신교의 금욕주의도 세속과 거리를 두려는 공동체의 사람들이 세인들보다 더 부유해지고 더 타락하는 그 전철을 밟았다. '돈 앞에 장사 없다'는 말은 인간 영혼의 하찮음과 나약함을 조롱하는 말이 아니라, 물질적 가치에 종속될 수밖에 없는 인간적 삶의 조건이 당도하는 당연한 귀결일까. 개신교 금욕주의의 효과와 그것의 변질에 대한 인식은 앞서 웨슬리의 글에서 봤듯이 이미 18세기에 분명히 드러나 있었다.

이처럼 금욕 생활의 의도와 그것의 문화적 가치가 베버가 태어나기 한 세기 이전에 이미 상실되었다면, 그는 과거 어느 한 시점에만 사로잡혀 자신이 보고 싶은 것만 보려고 한 것일까? 베버는 신교도들이 지향하던 종교적 목적은 사라졌지만 그들이 남긴 경제 윤리와 생활 방식은 근대 서구 사회에 면면히 이어져 흐르고 있다는 점을 지적한다. 바로 그런 흐름이 근대 자본주의의 특징인 합리주의적 생활관과 직업 윤리를 구성했다고 보기 때문이다.

> 근대적 자본주의 정신, 그리고 그뿐 아니라 근대적 문화의 구성 요소 중 하나인 직업 사상에 입각한 합리적 생활 방식은 기독교적 금욕 정신에서 탄생했다는 것이 바로 이 책에서 증명하려고 했던 것이다.(2부 2장)

논의를 마무리하며

이 책의 마지막 부분에 이르러 베버는 애써 분석한 본래의 근대 자본주의 정신이 거의 사라져버린 당대의 자본주의적 생활 방식을 돌아보고, 미래 사회를 전망한다. 도시 안에서 고도로 과밀화된 오늘날의 자본주의 사회는 베버의 예상처럼 개인들의 노동 의지와는 별개로 그 자체의 작동 원리에 따라 기계처럼 돌아가는 사회이다. 이제 사람들은 돈을 버는 활동 자체에서 행복을 느끼기보다는 행복의 필수적인 조건, 즉 행복을 누리게 만드는 재화를 소비하기 위해 돈을 번다. 그래서 아래 베버의 말처럼 현대 자본주의 사회는 더 이상 노동을 강요하지 않는다. 생존하려면 노동할 수밖에 없는 사회 구조를 만들 뿐이다. 또한 사물이 갖고 있는 저마다의 가치는 단 하나의 가치, 즉 최대한의 효율을 추구하는 경제적 가치로 환원되기 일쑤다. 오늘날의 사람들은 고유한 재능과 특성은 상품의 명세서와 같은 '스펙'과 '연봉' 아래 종속되는 것에 거의 거부감이 없다. 베버는 변모된 근대 자본주의 사회의 문화적 특징을 이렇게 정리한다.

> 청교도들은 자기 직업에 전력투구하는 인간이 되기를 '원했던' 반면에, 우리는 그런 인간이 '되지 않으면 안 된다.' (……) 금욕주의가 이 세계를 변화시키고 계속 영향을 미치면서, 재화는 더 강력한 힘으로 점차 인간을 지배했고, 결국 인간이 거기서 벗어나는 것은 불가능해졌는데, 이것은 이전 역사에서 그 유례가 없던 일이다.(2부 2장)

베버는 "금욕주의를 기조로 한 시민 계층의 생활양식"이 도래한 이후, 이제 "아름다운 인간성의 시대와 이별"은 되돌릴 수 없었다고 회고한다. 말년의 괴테가 찬미하며 이별을 고했던 전근대 사회의 귀족적 삶의 가치, 즉 "파우스트처럼 다차원적인 삶을 살고자 하는 욕구"는 이제 삶에서 가장 중요한 것으로 부각된 '전문화된 노동에 삶을 바치기' 위해 내려놓아야 하는 것이 되었다. 금욕주의를 기조 삼아 시민 계층은 새로운 생활 양식을 정립했지만, 자기 삶을 개성 있게 변주하는 기술에 대해서는 '체념'해야 했다. 앞서 언급했던 백스터는 재화에 대한 관심은 외투처럼 언제든 벗어버릴 수 있는 것이라고 강조했지만, 역사적 변모 이후 그것은 "강철로 만든 쇠창살"이 되었다.

물론 농경 사회에서 산업 사회로 변모하는 시기까지는 어느 나라에서나 국가와 민족, 신과 종교 같은 전체주의적인 목표나 획일화된 가치가 대중을 사로잡기 때문에 근대 자본주의 안의 이런 시대적 간극은 당연하다고 볼 수 있다. 그런데 근원적인 가치관의 변화가 일어나면서 이제 더 이상 종교적 가치가 삶의 중심을 차지하지 못하고, 적어도 명분상으로는 자기 삶의 지향점을 스스로 결정할 수 있는 시대가 도래했다. 또한 산업 구조가 근대 초기처럼 노동집약적인 제조업 중심이 아니고, 기술 중심의 고부가가치 산업이나 온라인 서비스업의 비중이 커지면서 노동자의 규모와 노동 시간을 늘린다고 해서 생산성이 올라가는 구조를 탈피했기 때문에, 직업 노동의 신성화는 설득력이 희박하기도 하다. 청교도들의 눈에는 타락이나 탐욕으로 비춰지겠지만, 현대인들에게 합리적 경제 윤리란 오히려 덜 일하고 더 받는 것을 선택하는 것이다.

이처럼 베버가 진단한 20세기 초의 자본주의에는 이미 '금욕주의라는 지지대'가 필요하지 않았다. 근대사에서 승리를 거머쥔 자본주의는 이제 그런 정신적 토대의 도움 없이 잘 작동할 만큼 강력한 틀을 형성하고 일종의 기계 장치로 굳건히 자리잡았기 때문이다. 베버는 논의를 정리하며, 근대 자본주의의 정신적 기원을 통해 당대의 자본주의의 문화적 현상까지도 설명할 수 있다는 우를 범하지 않으려 한다. 1장에서 살펴봤듯이 베버의 아버지는 신흥 부르주아지 정치가로 분류될 이력을 갖고 있었다. 베버는 벼락출세한 자신의 아버지 같은 사람들이 만들어낼 근대 자본주의의 퇴락과 타락을 미국에서 체류하며 사회를 관찰하는 동안 날카롭게 전망했다.

'소명으로서의 직업' 사상도 낡은 종교와 신앙의 '망령'으로서만 우리 삶 속을 헤매고 있으며 실질적인 힘을 행사하지 못하고 있다.(2부 2장)

오늘날 사람들은 직업을 최상의 정신적이며 문화적인 가치들과 직접 연결하는 것이 불가능하기 때문에, 즉 개인적 차원에서 그것은 오직 경제적 강제로밖에 받아들일 수 없으므로, 직업에 특정한 의미를 부여하려는 시도를 단념하고는 한다. 영리 활동이 가장 자유로운 지역인 미국에서 이제 영리 활동은 종교적 윤리적 의미가 사라지고 순수한 경쟁 감정과 결탁하는 경향을 드러내며, 그 결과 스포츠 성격을 띠는 것도 드물지 않다.(2부 2장)

끝으로 그는 이후에 필요한 탐구 과제로서 그 중요성을 암시하는 정도로만 언급했던 '금욕적 합리주의'에 대한 세 가지 논점을 제시한다. 첫째, 금욕적 합리주의가 직업 윤리 외에 사회 윤리와 정치 윤리에서 차지하는 의미와 그것들에 끼친 영향을 더 밝힐 필요가 있다. 둘째, 금욕적 합리주의가 '인문학적 합리주의' 또는 그것이 제시한 이상적 삶과 문화에 끼친 영향과 관계, 나아가 철학적·과학적 경험론 및 기술·정신문화의 발전과의 관계에 대해 분석해야 한다. 셋째, 금욕적 합리주의는 세속적 금욕주의로부터 어떤 형성 과정을 거쳐 성숙했으며, 나중에는 어떤 과정을 거쳐 공리주의로 해체되었던 것인지를 역사적으로 추적해야 한다. 여기까지의 논의 바로 뒤에 이어지는 이 책의 마지막 두 문단을 함께 읽어보자. 학문적 진실을 추적하며 한없이 겸허한 자세를 취하는 베버의 당부가 담겨 있다.

오직 이 모든 것들에 대한 연구가 완료되고 나서야, 금욕주의
적인 개신교가 근대 문화를 구성하고 있는 다른 요소들에 대
하여 갖는 문화적인 의의가 어느 정도인지가 드러나게 될 것
이다. 나의 이 연구는 금욕주의적인 개신교가 근대 문화에 영
향을 미쳤다는 사실과 영향을 미친 방식을 근대 문화를 구성
하는 여러 부문들 중에서 단지 하나의 부문——비록 이 부문
이 근대 문화에서 중요하지 않은 것은 아니지만——과 관련해
서만 추적했을 뿐이기 때문이다.
한편 개신교 금욕주의의 형성 과정과 그 특성이 당시 사회의
문화적 조건들, 특히 경제적 조건에 의해 어떤 영향을 받았는
지도 해명할 부분이다. 먼저 오늘날의 사람들이 아무리 최선
의 이해를 해보려고 노력해도, 개신교가 형성되던 시기를 살
던 사람들의 종교적이고 신앙적인 인식 내용이 생활양식과
문화 그리고 국민성에 실제로 엄청난 가치를 지녔고 큰 영향
을 미쳤다는 사실을 제대로 파악하는 것은 거의 불가능하고,
다른 측면에서는 그럼에도 불구하고 문화와 역사의 여러 인
과관계에 대해 '유물론적' 해석을 완전히 배격하고 독단적으
로 '관념론적' 해석을 관철하려는 시도도 불가능하기 때문이

다. 이 두 가지 해석 방법은 모두 동등하게 가능하다. 그런데 어떤 방법으로 연구했든지 간에 그 연구를 최종 단계의 연구를 위한 예비 작업이 아니라 최종 결론으로 받아들이게 된다면, 그것들은 모두 역사적 진리와는 거리가 멀어지게 될 것이다.(2부 2장)

다시 21세기 자본주의 사회로 돌아와서

베버의 주장을 살펴본 독자들은 자본주의의 문화적 원형이라는 그 주장에 대한 타당성이나 정당성에 대해 검증하기 이전에, 그가 탐구하는 자본주의 정신과 독자들이 떠올려볼 수 있는 자본주의 정신의 개념이 너무 달라서 혼란스러운지도 모르겠다. 21세기 초반에 우리가 경험하는 자본주의에 비해 베버가 학문적 대상으로 삼은 근대 초기 자본주의의 정신은 너무나 고전적 형태여서 오늘날의 자본주의가 아주 낯설어 보이기도 한다. 그래서 베버가 강조한 '근대' 자본주의와 구별하기 위해 이 시대의 자본주의를 '현대' 자본주의라고 부르고 싶지만, 영어로는 어차피 'modern'의 서로 다른 번역어일 뿐이라 명확한 구분은 안 될 것 같다. 베버가 탐구한 자본주의 사회와 독자들의 자본주의 사회를 과연 역사적으로 동일한 선상의 자본주의 시대로 볼 수 있는지는 미지의 세월이 더 지나가 봐야 알 수 있을 것이다. 그런 점에서 이 책이 가진 현재적 가치는 개신교와 자본주의의 관계에 대한 주장이 여전히 설득력이 있는가라는 문제보다, 오히려 우리가 살아가는 자본주의 사회를 약간 거리를 두고 돌아보고 성찰하게 만든다는 점에서 찾을 수 있을 것이다.

『프로테스탄트 윤리와 자본주의 정신』의 후반부에 이르러 베버는 자신이 분석했던 그 초기의 '건전했던' 자본주의 정신이 투기 도박의 욕망과 유사해져가고 있음을 지적한다. 물론 그런 현상은 21세기 초반을 살아가는 우리에게는 너무나 익숙한 금융자본주의의 맨얼굴이다. 100여 년 전 그의 서술은 오늘날의 자본주의에 대한 묵시록처럼 읽힌다. 그런데 막대한 자본의 게임장이 된 오늘날의 프로 스포츠 산업에서도 공정과 정직 같은 스포츠맨십은 여전히 중요한 가치로 간주되는 데 비해, 불행하게도 세계 자본주의 체제를 들여다볼수록 그런 최소한의 '게임의 규칙'이라도 실질적으로 작동하는지 의문이다. 베버의 말처럼 차라리 스포츠 성격이라도 제대로 띠어서 무분별한 자본의 운동과 그것에 편승하는 기존 체제의 기득권의 부정을 관리하고 통제할 '심판'의 역할이라도 있으면 좋겠다는 생각까지 해보게 된다.

인류 문명의 번영이 아닌 생존 자체가 의문시되는 현대 자
본주의 세계에서는 이제 인간성이나 도덕·윤리 따위는 쉽게
저버리는 몰염치를 장착한, 멈출 수 없는 탐욕의 승리자들만
이 당당하다. 아니 더 정확히 말하자면, 그런 탐욕을 가지지 못
하면 생존에 대한 불안과 공포를 떨쳐낼 수 없을 것 같은 시대,
나아가 근대 자본주의의 핵심축인 임금노동과 고용이 근본적
으로 의문의 대상이 되는 시대다. 거기에는 이 풍요롭고도 저
주받은 시대를 사는 동시대 80억 명의 인류가 나눌 삶의 보편
적 의미나 여러 겹을 가진 공동체의 지속 가능한 가치가 들어
설 자리가 없다. IT 플랫폼 경제는 상위 1퍼센트가 99퍼센트
의 부를 차지하는 양극화된 세상을 가속화시키고 있다. '닥치
고 더 많은 돈'에 대한 욕망만이 살아남는다면, 미래의 자본주
의는 곧 본격적으로 도래할 AI 기술과 더불어 근대적 인간 또
는 그 인간성 자체를 스스로 해체할 것이다. 계몽되고 문명화
되었다고 자부했으며 역사상 처음으로 모든 사람에게 자유로
운 세계를 선사했다고 자만했던 그 '근대인' 말이다.

베버는 숫자와 통계로 점철된 자본주의 분석을 벗어나 새
로운 신앙을 통해 구성된 근대적 인간 삶의 한 유형을 직시했
다. 그는 근대적 자본주의의 토대에서 새 시대의 사회적 관계

를 이끌어간 새로운 사람, 즉 이념형 인간을 본 것이다. 100여 년 전, 눈부신 번영과 풍요의 상징인 마천루가 뉴욕 맨해튼에 들어서기 시작할 무렵은 아직 근대 자본주의가 세계적인 대공황도 겪지 않았던 시기였다. 거기에 서 있던 베버는 이미 당대의 자본주의의 '과거'에 대한 분석과 '현재'에 대한 관찰을 통해 그것의 '미래'를 경고하고 있었다. 현대의 고전을 마주하는 오늘날의 독자들은 그 경고를 우리가 만들어가고 있는 자본주의적 삶의 양식 속에서 기억하며, 21세기의 가장 중요한 화두로 꼽히는 '지속 가능한 발전'의 모색 속에서 다시 곱씹어볼 필요가 있다. 그것은 혹시 신자유주의를 포함한 시장주의, 능력주의, 승자독식주의에 대한 맹목적인 숭배는 더 불평등하고 더 부자유하며 차별과 혐오가 더욱 만연할 수밖에 없는 자본주의 사회의 야만성을 더욱 끄집어낼 것이라는 경고가 아닐까.

자본주의를 상품화폐 경제 체제로 이해하든, 역사적 생산 양식으로 이해하든, 베버처럼 근대 자본주의 정신에 의해 창출된 경제 조직으로 이해하든, 역설적으로 그것은 자신에게 비판적이거나 적대적인 세력을 통해 자체의 모순에 대한 수정의 가능성을 열어둘 수 있었고 지속성과 확장성을 키울 수 있었다. 사회주의 혁명이나 공산주의 사상과 마찬가지로 베버가 관심을 둔 개신교도 본래의 경향과 다르게, 또 처음의 의도와는 상관없이 결과적으로 그런 역할을 수행했다. 불교에서 만족할 줄 모르는 식욕을 가진 굶주린 귀신을 부르는 이름인 '아귀'처럼 지칠 줄 모르는 가공할 탐욕을 자랑하는 자본주의 경제 체제는 인간이 상상할 수 있는 거의 모든 것을 상품화하고 있다. 그래서 다시 역설적이게도, 멈추면 쓰러지는 자전거처럼 현대 자본주의 경제는 자본의 지속적 운동을 위해 영리 추구와 이윤 창출에 도움만 된다면 무엇이라도 포용할 잠재력을 갖고 있다. 거대 자본의 손실이나 대안적인 경제를 지향하는 혁신적인 이념은 물론이고, 더 심각한 위기가 찾아오면 자본주의 이념을 수호하던 기존 가치에서는 결코 포함될 수 없었던 사적 재산권에 대한 수정이나 분배 정책의 과감한 시행 등도 감수할 것이다. 다른 한편 19세기의 아동노동 착취·독점자본주의·제국주의 같은 자본주의의 병폐적 현상은 이제는 사라진 것으로 간주하지만, 디지털 플랫폼 산업과 금융 산업이 첨단을 달리는 현재도 여전히 그런 증상과 경향은 자본주의 패권이나 우리 일상에 얼마든지 자리 잡고 있다. 오늘날 변화된, 그리고 지금도 변신 중인 '자본주의 정신'에 대해 독자들도 각자 말해보자. 그것은 저마다 어떻게 다르게 적힐 수 있을까? 당신의 시대에서 당신이 생각하는 자본주의 정신이란 무엇이냐고 묻는 베버의 목소리가 들리지 않는가.

산업혁명 시기(19세기) 영국의 아동노동 장면.

오해 혹은 비판에 대한 반론

끝으로 이 책에 대한 여러 유형의 비판들과 당대에 나왔던 베버의 반박을 살펴보며, 혹시 독자들도 쉽게 빠져 있는 오해가 아닌지를 점검해보자. 첫 번째로 살펴볼 비판은 '종교적 분석의 내용과 종교적 분석이라는 특성에 대한 비판'이다. 베버가 종교적 교리를 잘못 해석했다거나 과도하게 분석된 사회적 영향력을 인정할 수 없다는 입장 등이 여기에 해당된다. 먼저 칼뱅주의 교리 해석의 오류를 지적하는 비판에서 간과된 것은 베버가 주로 활용한 자료들이 17세기에 변형되고 수정된 금욕주의적 개신교 경향이라는 것이다. 즉 베버의 입장에서는 16세기 칼뱅의 직접적인 교리가 아니라, 후대의 청교도 신학자들이나 성직자들의 경향을 더욱 중요하게 다루었다는 점을 직시하라고 말하고 싶을 것이다. 그런데 그런 신학적인 비판이나 교회사를 연구하는 학자들의 비판보다 더 중요한 논점은 베버가 왜 종교를 문제시했냐는 점이다.

그의 논의에서 핵심적인 부분은 칼뱅의 후예들과 청교도들이 '너의 구원은 이미 결정되어 있다'는 예정설을 '주어진 조건에 순응해야 한다'라는 숙명론으로 삼지 않고, 오히려 능동적으로 대응하는 방식을 선택했다는 점이었다. 즉 그들은 예정설을 합리적 생활양식과 성실한 직업 노동을 통해 성령을 행하면서 자기 신앙의 확고함과 구원에 대한 믿음을 증명하기 위한 방편으로 파악했다는 것이다. 그런데 이런 분석에 대해 비판자들은 근대 자본주의의 문화적 원인을 드러내기 위해 종교의 영향력을 과대평가했고, 이 책은 관념론에 경도된 결정론적 해석 방식을 취한다고 본다.

그런데 관념론에 치우쳐 있다는 비판은 역사적 사실의 원인을 밝히기 위해 물질적 측면과 정신적 측면 중 어느 한쪽에서만 일방적으로 분석하는 것은 정당하지 않다고 판단한 베버의 전제를 고려한다면 사실 설득력이 떨어진다. 그는 물질적 해석과 정신적 해석 중 어느 하나만이 진리가 될 수 있다고 주장한 것이 아니기 때문이다. 이런 점에서 종교와 자본주의의 관계에 대해 절대적으로 인과관계를 입증하려고 한 결정론적인 책이라는 비판도 아울러 적절한 비판이라고 보기는 어렵다. 왜냐하면 베버는 자신의 연구가 근대 자본주의의 출현을 과학적으로 설명하려 한 다소 거창한 시도가 아니라, 자본주의 정신을 형성하는 과정에서 발휘된 종교의 영향과 그 정도를 소박하게 살펴보려고 했던 것이라고 밝히고 있기 때문이다. 그런 분석의 시도는 오히려『자본』을 쓰기 위해 도서관에 스스로를 가두었던 마르크스의 지적 분투에 더 어울릴 설명일 것이다. 마찬가지로 개신교 윤리와 유사한 성격을 가지는 가치 체계는 중세 가톨릭에서도 찾아볼 수 있다는 비판도 이 책의 논의를 이해했다면 할 수 없는 주장이다. 베버는 개신교 특유의 '세속적' 금욕주의와 수도원에 은둔했던 수도사들의 '탈세속적' 금욕주의의 차이를 설명하기 때문이다.

　이 첫 번째 계열의 비판에서 마지막으로 살펴볼 주장은 베버가 예정설에 기초한 구원론이 발현되는 과정에서 설명한 심리적 동기에 관한 불신이다. 즉 구원에 대한 불안감이나 내세의 불확실성을 회피하기 위해 신자들이 직업 노동을 매개로 삼아 금욕주의적 삶을 체계화했다는 설명은 설득력이 희박하다는 것이다. 그것을 주장하는 사람들의 입장을 단순화하자면 결국 개신교 윤리가 널리 퍼질 수 있었던 것은 불안감이라는 심리적 무기가 있었기 때문이라는 주장이다. 베버의 입장에서 이런 비판을 반박해보자면, 그 불안감은 여러 요인들 중 하나였으며 다양한 시대적 조건들이 서로 중첩되면서 그런 심리학적 동력이 두드러지게 작용하여 직업 노동에 대한 진지한 접근을 낳았고, 그것이 다시 금욕적 생활양식을 창출하는 계기가 되었다는 복잡한 논증을 지나치게 단순화했다는 측면을 제기할 수 있다. 현실의 변화와 역사적 변천은 그렇게 단선적인 설명만으로 납득되지 않는다. 그것은 수십 겹의 층으로 이루어진 빵인 페이스트리(pastry)처럼 다층적인 요인들의 상호작용으로 구성된 것이라는 설명이 합리적이다. 따라서 불안감에 대한 강조는 구원론, 신앙관 변화, 직업 노동 중심의 삶, 영리 추구, 재산의 축적이라는 여러 겹의 설명을 이어주는 하나의 연결고리로 인식할 필요가 있다.

두 번째 비판 경향은 '자본주의 및 자본주의 정신 분석에 대한 비판'으로 요약할 수 있다. 그중 대표적인 비판은 자본주의가 개신교 생활 윤리보다 훨씬 먼저 존재했고 자본주의적 경제 활동 방식은 보편적으로 어느 시대에나 찾아볼 수 있다는 것이다. 그런데 논의 초반에 베버가 힘주어 구분했듯이, 그의 관심은 자본주의 역사의 일반성이 아니라 17세기 이후 근대 서유럽을 중심으로 새롭게 출현한 '근대 자본주의'였다. 그런데 이런 비판 경향은 꽤 구체적인 근거를 들어 개진되기도 했다. 예를 들어 중세의 대자본가였던 야콥 푸거(Jakob Fugger, 1459~1525)나 르네상스 시대의 사상가였던 레온 바티스타 알베르티(Leon Battista Alberti, 1404~1472) 같은 인물들도 벤저민 프랭클린처럼 근대적 자본주의에 최적화된 생활양식과 가치관을 갖고 있었다는 것이다. 이에 대해 베버는 그런 인물들은 당시의 경제적 조건을 변화하는 데 기여한 인물들이 아니라 그저 시대적 조건에 순응한 것일 뿐이라고 반박했다.

바로 이런 오해 혹은 비판 지점에 이 책을 피상적으로 이해했을 때 나타나는 인식이 숨어 있다. 그것은 바로 베버가 주장한 자본주의 '정신'은 실질적 이해득실을 따지는 그런 정신이 아니기 때문이다. 즉 근대 이전에 합리적 행위의 가치를 보여준 사람들은 도덕적으로 정당화될 수 있는 목적을 지향하며 그것을 달성하기 위해 효율적인 수단의 사용을 주장한 사람들인 반면에, 베버가 강조하는 청교도식의 합리적 행위는 '구원이라는 종교적 목적'을 달성하기 위해 요청된 정신적 가치를 실현하려는 의도를 갖고 있기 때문에 전혀 다르다는 것이다. 그런 비판자들의 말이 옳다면, '최대 다수의 최대 행복'을 원리로 내세우며 실제적 유용성만을 윤리적 판단 기준으로 제시한 공리주의자들과 베버의 입장 차이는 사라지게 된다. 물론 베버는 공리주의자라는 수식어를 거부할 것이다.

또한 베버가 개신교 윤리에서 그 정신의 원천을 길어올리려고 했던 것은 여러 번 반복해서 말하지만, 자본주의 일반이 아니라 '근대' 자본주의의 역사적 특성을 밝히기 위함이었다. '근대' 자본주의 '정신'의 탄생에서 필수적인 토대는 화폐 가치만을 지향하는 인간의 자연적인 소유 욕망이 결코 아니었다. 생활을 체계화하고 조직화하며 삶의 문법을 새롭게 써간 그런 문화적인 특성은 소유 욕망이 아닌, 다른 어떤 정신적 가치를 지향하는 행위에서 촉발된 것이기 때문이다. 그래서 그 정신의 원천은 특별한 종교적 배경에 미리 잠재되어 있던 것이 아니라, 교리 자체와는 무관하게 비의도적으로 개신교 윤리에서 강하게 드러났을 뿐이라는 설명이 무슨 뜻인지 독자들은 이제 이해할 수 있을 것이다. 이런 이유로 인해 베버는 종교개혁에 대한 일반적인 오해를 계속 경계했다. 그는 개신교의 등장 그 자체가 신성불가침(神聖不可侵), 즉 거룩하고 존엄하여 함부로 건

드릴 수 없는 종교 영역의 해체나 그 권위의 감소를 뜻하는 것이 아니라는 점을 강조한다. 결과적으로 종교가 강한 영향력을 가진 사회에서 벗어날 수 있었던 것은 개신교 교리나 신앙생활 자체가 아니라 특유의 구원론이 세속 사회에 대한 태도 변화를 유발했기 때문이라는 것이다.

이처럼 베버의 부분적인 분석을 전체 주장으로 오해하거나, 논의 과정을 생략하고 결론적 주장만을 기억하면 단순화로 인한 오류를 피할 수 없다. 물론 이 책의 주장은 세월의 흐름 속에서 아주 낡고 너무 미시적인 분석처럼 보이기도 한다. 그런데 이런 수많은 비판들 속에서도 베버의 이 명제가 살아남았던 것은 역설적으로 그의 논증 과정에 담긴 학문적 매력, 즉 대담한 가설과 꼼꼼한 분석이 얼마나 많은 사람들에게 설득력을 가졌는지를 보여준다. 20세기 미국의 저명한 사회학자 다니엘 벨(Daniel Bell, 1919~2011)이 이 책을 20세기 사회학에서 가장 중요한 저작이라고 평가했듯이, 이 책은 오늘날에도 근대 자본주의를 논의하기 위한 사회학의 독보적인 출발점이나 도전적 과제로 여겨진다.

3장

철학의 이정표

『직업으로서의 정치』
막스 베버, 전성우 옮김, 나남출판, 2019

막스 베버의 넓고 깊은 사회학적 통찰력이나 탐구 방법에 흥미를 느낀 독자라면 그의 다른 저작들에도 관심이 갈 것이다. 그의 여러 대표 저서는 사후 100년이 지난 지금도 해당 분야의 입문서이자 현대적 고전으로 널리 알려져 있다. "우리는 그에 필적할 정도의 사람을 다시는 만날 수 없을 것이다"라는 묘비명처럼 박식하고 심오한 시선으로 근대 사회의 특성에 대해 분석한 그의 통찰은 세월이 갈수록 더 날카로워 보인다. 그의 삶에 대해 더 알기를 원하는 독자들에게는 그의 아내 마리안네 베버가 쓴 『막스 베버』를 추천한다. 이 책은 가장 가까운 곳에서 그를 지켜본 사람이자 지적 동반자인 마리안네가 그에 대한 존경과 사랑의 마음을 바탕에 두고 있으면서도, 객관적 거리를 유지한 채 학문 여정을 생생하게 전달한다는 점에서 베버에 관한 독보적인 전기라고 할 수 있다.

다른 한편, 『직업으로서의 정치(*Politik als Beruf*)』는 베버가 세상을 떠나기 1년 전인 1919년 뮌헨 대학교에서 진보적 학생 단체인 '자유학생연합'의 초청을 받아 진행한 강연을 책으로 출판한 것이다. 이것은 같은 곳에서 초청을 받아 1917년 진행한 '직업으로서의 학문' 강연의 연장선에 있다. 그는 당시 패전국으로 전락한 독일 상황에서 특정한 정치적 견해를 밝히며 여론을 이끌기보다는, 그동안 관찰한 정치 현상을 통해 직업으로서의 정치는 '무엇을 할 수 있는가', 또 '무엇을 해야 하는가'에 관해 직분, 즉 마땅히 해야 할 본분을 중심으로 견해를 피력했다. 베버가 이 책에서 논의하고 있는 전반부의 내용은 정치에 대한 사회학적 정의, 직업 정치의 역사 및 종류, 정당 조직 같은 일반적 논의이지만 그중에서 널리 회자되는 것은 정치적 지배를 '전통적', '카리스마적', '합법성'이라는 세 유형으로 구별한 것이다.

현실에서 우리가 비판하는 정치인들은 개인적 영달에 눈이 멀어 신념 없이 활동하거나, 권력욕이나 명예욕에 사로잡혀 공동선을 실현하는 데에는 무능력하고 심지어 무관심한 자들이다. 그런데 원제에서 보다시피, 베버는 루터의 성서 번역과 개신교 직업 윤리를 설명하기 위해『프로테스탄트 윤리와 자본주의 정신』에서 다루었던 'Beruf', 즉 소명으로서의 직업 활동이라는 시각을 여기에서도 강조하고 있다. 그래서 이 책은 소명으로서의 직업 노동을 '소명으로서의 정치'에 대입하여 정치를 직업 활동으로 삼는 사람이 마땅히 가져야 할 태도나 윤리에 대해 주로 논의하고 있다. 베버는 정치를 천직으로 부여받은 정치인의 직업적 책무에 대해 '악마적 수단'을 통해 '천사적 대의'를 실현하는 것이라고 규정한다. 물론 이 악마적 수단은 은유적 표현이며 정치적 목표를 추구하는 과정에서 감수해야 할 불가피성을 가리킨다. 대화와 합의로 의사결정을 이끌어가기 어려울 경우 때로는 제도적 강제력을 동원할 필요도 있고 다양한 방식의 정치적 도구를 활용해야 한다는 것이다. 정치가는 필요하다면 악마의 가면을 기꺼이 쓸 수 있어야 한다는 점을 강조한다는 점에서 이 관점은 근대 정치철학의 출발점인 마키아벨리의『군주론』과 견주어 읽어볼 수 있다.

그래서 베버가 제시한 정치인의 이상적 인간형은 객관적 판단력과 주관적 열정을 조화롭게 겸비하고 그것을 개인적 야망을 위해 활용하는 것이 아니라, 반대로 그것을 철저히 몰주관적(沒主觀的)인 방식으로 막중한 책임감을 가지고 공동체를 이끌어가는 현실주의적 인간이라 할 수 있다. 베버는 그런 정치인에게 필요한 자질로 열정, 책임감, 균형감각 세 가지를 제시하며, 이상적인 정치인이 겸비해야 할 이중적 윤리를 제시한다. 공동체에 선(善)한 결과를 산출하기 위해 노력하는 활동, 즉 좋으면서도 옳은 것을 실천할 수 있는 윤리적 태도인 '신념 윤리'와 그렇게 행한 정치적 결정의 결과에 대해 무제한적으로 책임질 수 있는 태도인 '책임 윤리'가 그것이다.

두 번째 이정표

『아침놀』
프리드리히 니체, 박찬국 옮김, 책세상, 2004

독자들은 프리드리히 니체의 철학 사상은 몰라도 '신은 죽었다'라는 그의 유명한 말은 들어봤을 것이다. 그에게 붙는 '망치를 든 철학자'라는 수식어는 신으로 표상되는 서양의 절대적 가치를 모두 파괴하고 새로운 가치를 정립하는 데 자신의 모든 학문적 열정을 바쳤기 때문이다. 니체는 이성 중심의 사유 체계를 전면적으로 비판하기 위해 기독교의 도덕과 근대의 합리주의의 기원이 사실은 비이성적 인식과 광기에 사로잡힌 맹종에 있다는 점을 폭로하려 했다. 그런데 그의 철학을 관통하는 이런 설명은 자본주의라는 새로운 신에 대한 입장에서도 재확인할 수 있다. 1881년 발간한 『아침놀(*Morgenröte*)』은 그의 저작 중 비교적 덜 알려진 저서인데, 여기서는 자본주의 사회와 그것을 지배하는 가치관에 대해 가열차게 비판하는 니체를 만나볼 수 있다. 19세기를 살았지만 21세기에 더욱 회자되는 니체는 여기서도 예언처럼 나열된 아포리즘(aphorism), 즉 간결하게 압축된 형식에 자신의 사상을 표현한 경구로 근대 사회의 특성에 대해 계속 일갈한다.

인간적 삶의 가능성을 옥죄는 전통 종교와 도덕을 사정없이 비판하는 니체는 당대의 자본주의 사회를 지배하는 이념과 가치관에 대해서도 동일한 잣대를 들이댄다. 그는 불과 200여 년 전까지만 해도 종교의 자유를 명분으로 삼아 전쟁을 벌였던 사람들이 이제는 기독교의 몰락을 용인하면서 자본주의 사회가 옹립한 새로운 신, 즉 물신(物神)을 숭배하고 있다고 지적한다. 비웃음을 흘리며 그는 탄식한다. 종교에 심취해 있던 시대에는 신을 믿으며 삶의 일용할 위안을 얻고 존재하는지도 모를 내세의 구원을 간절히 바라면서 마음의 평안을 찾던 사람들이 이제는 되도록 많은 부를 쌓는 것에서 힘과 위안을 얻는다는 것이다. 착각과 망상에 빠지게 만든다는 점에서는 자본주의는 종교의 역할을 완벽히 대체하고 있다. 주식 투자에 빠져 허우적거리며 몇 푼의 돈에 영혼을 팔 것 같은 사람들을 가리키며 니체는 이렇게 말한다. '옛날 사람들이 신을 위해 행했던 것을 오늘날의 사람들은 돈을 위해 행한다.'

니체가 보기에 노동자들은 거대한 기계의 부품으로 전락

했고 인간 발명품의 보완물로 살아간다고 비판한다. 물론 높은 임금을 받는 노동자들은 자신보다 적은 소득을 얻는 사람들을 보며 우월감을 가지겠지만 그렇다고 해서 그들이 노예 상태에서 벗어날 수 있다고 믿는다면 참으로 어리석다는 것이다. 그래서 그는 자본주의적 도덕 규범인 노동에 대한 열정적인 찬양은 자기 자신에게 열중하기에도 부족한 삶을 허비하고 스스로에게서 도피하는 것이라고 보았다. 노동에 투하되고 소진되어버리는 시간과 에너지는 원래 자아의 정신적 성숙과 독립을 위해 사용해야 할 것이기 때문이다. 특히 공장 노동을 노예 노동에 비유하는 니체는 그 노동자들이 '가난하면서도 즐거우며 동시에 노예 상태'에 있다고 지적한다. 그들의 불우한 처지는 가혹하고 불합리하게 조직된 노동 환경 정도가 아니라, 도저히 인간으로서 '참을 수 없는' 상태라고 선언되어야 한다는 것이다. 결국 니체는 자신의 내적 가치에는 무관심하고 스스로를 지배할 수 있는 약간의 힘도 갖지 못한 채로 자신의 '불꽃'이 꺼져가는 줄도 모르고 매일 죽어가는 그들에게 노예적 삶을 강요하는 자본과 국가 또는 그 국가를 전복하려는 정당의 노예화에 저항해야 한다고 주장한다.

1장에서 살펴봤듯이 베버가 니체 철학의 지성사적 영향력을 존중하며 니체를 탐독했다 하더라도, 니체의 영향이 구체적으로 어떤 것이었는지는 언급되는 맥락에 따라 세심하게 살펴봐야 한다. 『프로테스탄트 윤리와 자본주의 정신』에서는 영혼회귀설을 옹호하는 '니체의 추종자들'과 청교도들의 구원론에 대한 믿음이 대비되기도 하지만, 베버는 책의 말미에서 니체를 언급하지는 않지만 그의 유명한 표현을 빌려오고 있다. 그는 여기서 서양 전통 문명의 병리 현상이 근대 문명의 핵심인 자본주의 사회에서 다시 재현된다고 봤던 니체의 생각을 이어받아 타락한 미래 자본주의 사회에서 등장할 '최후 인간' 또는 '종말적 인간'(더 직접적인 번역으로는 '인간말종')를 통렬하게 비판하고 있다. 니체의 맥락에서 경멸의 대상인 '교양인'인 그들은 자신의 가치를 홀로 창조하는 초인(超人, Übermensch)에 대비되는 인간형으로 기존의 가치에만 안주하여 안락함을 추구하는 공허한 인간이다. 이런 점에서 청교도들의 금욕주의 생활과 합리주의 문화의 추구는 니체 입장에서 보자면 '허무에 대한 의지', 즉 허무를 갈망하며 삶을 적대시하는 인간의 인위적 욕망이 종교적으로 발현된 것이라 볼 수 있다.

미래에 이 껍데기 안에서 살 자가 누구인지, 이 엄청난 발전의 마지막에 전혀 새로운 예언자나 오래된 정신과 이상의 강한 부활이 있을지, 아니면──이 두 가지 모두 아니고──일종의 발작적인 오만함이 덧붙여진 기계화된 화석이 있을지 누구도 모른다. 만일 후자의 경우라면 이 문화 발전의 '최후 인간'에 대해서는 다음과 같은 언급이 적절할 것이다. 즉 '영혼 없는 전문가, 심장 없이 향락을 탐닉하는 자들——이 가소로운 인간들은 인류가 지금껏 당도한 적 없는 수준에 자신들이 도달했다고 착각할 것이다.'(1부 3장 주석 23)

『돈의 철학』
게오르그 짐멜, 김덕영 옮김, 길, 2013

베버는 합리성 개념을 목적과 수단의 관계로 보자면 그것
은 두 가지로 나눌 수 있으며, 그 두 가지는 늘 일치한다고 볼
수 없다고 말했다. 먼저 '형식적 합리성'은 그 목적의 의미와
가치에 대해서는 고민하지 않고 그것을 달성하기 위한 수단의
필요성이나 도구의 적절성에만 몰두하는 것이다. 반면에 '실
질적 합리성'은 목적 자체의 궁극적 가치를 더 중시하며 기술
적 수단도 그 목적성을 실현하기 위한 최상의 방법으로서 고
려한다. 그런데 자본주의 사회에서 기업의 궁극적인 목적은 이
윤 획득이라는 점을 부정할 수 없다면, 경제 활동의 비합리성
뒤에는 때때로 실질적 합리성에 우선하는 형식적 합리성으로
의 선택이 놓여 있다. 즉 자본주의 사회에서 목적과 수단이 서
로 충돌하는 상황은 자주 일어나는데 거기서 목적보다 수단을

230

더 우선시한다면 그 안에 누적되는 위기나 모순은 어떻게 극복될 수 있을까? 베버와 동시대의 독일 사회학자인 짐멜(Georg Simmel, 1858~1918)은 욕망과 화폐의 관계에 대해 그와 유사한 관점을 대입한다. 목적이나 욕망을 합리적으로 달성하기 위해 화폐는 필수적이며 효율적인 수단이 되었지만 물질문화로서 세계를 집어삼킨 자본주의 사회에서는 수단과 목적은 이제 합리성 안에서 긴밀하게 중첩되어 있다. 그는 근대 자본주의에 대한 비판적 연구를 베버처럼 자본주의의 역사성 분석이 아니라, 화폐 경제의 핵심적 매개체인 돈을 대상화하고 다차원적인 담론을 활용한 사회철학적 탐구로서 수행했다.

번역서 기준으로 1천 쪽이 넘는 방대한 분량으로 1900년에 출간된 『돈의 철학(Philosophie des Geldes)』에서 짐멜은 돈을 삶의 총체적 가치를 파악하는 데 도움을 주는 구조화된 매개물로 인식한다. 물질문화로서 수용된 자본주의는 우리 삶을 뒤바꾸고 새로운 정신문화의 토대가 되기 때문에 역사를 거스를 수 없는 이 두 가지 문화의 상호작용, 그의 표현을 빌리자면 '돈과 영혼의 결합 가능성'에 주목해야 한다는 것이다. 합리적인 화폐 경제 활동을 통해 건전한 정신문화가 발전할 수 있다는 이런 관점은 근대 독일 지식사회의 문제의식을 반영하고 있으며, 논점이나 논증 방식에서 베버나 마르크스와 비교하여 읽는 맛이 있다. 물론 이 '돈에 대한 성찰'은 베버보다 훨씬 더 많은 곁가지 분석을 동반하고 현학적으로 전개된다는 점에서 독자들에게 쉬운 도전은 아니다.

짐멜은 교환 체제를 분석하면서 교환의 매개체로서 화폐가 갖는 독보적 위치를 설명한다. 재화의 가치를 판별하기 위해 원래 거리, 시간, 희소성, 획득을 위한 희생이나 어려움 등 어려 요소를 종합적으로 고려해야 하는 불편함이 있었는데, 모든 것의 가치를 정량적으로 측정할 수 있는 화폐가 등장하면서 이 문제가 해소되었다는 것이다. 짐멜의 주장 중 특징적인 점은 화폐의 소유가 개인이 누릴 수 있는 선택의 자유 그리고 독립심과 자족감을 불러온다는 점을 지적하는 것이다. 물론 이 화폐를 통한 자유로움은 사회의 복잡성이 증가하고 비인격적 관계가 전면화되면서 요청되는 단일한 경제 체제를 통해 가능한 것이다. 또한 실물 재산에 얽매이지 않는 금전적 소유는 특정한 직업에 사람을 묶어두지 않고 업무의 성격을 비인격적인 것으로 만들기 때문에 돈은 개인의 자유를 확장하는 경험으로 다가오기도 한다.

그러나 모든 것의 가치를 수량화시키는 화폐의 양적 측면은 저마다 다르게 구별될 수 있는 질적 가치를 지닌 것들을 위협하고 그것의 장기적 가치를 약화시키기도 한다. 또한 돈은 노동의 분업 과정에서 객관적 성질을 얻으면서 상품으로 취급되는 노동력을 가진 노동자가 생산한 생산물을 노동자의 인격과 분리시킨다. 나아가 화폐로 교환되는 모든 상품은 그것을 만드는 사람도 소비하고 쓰는 사람도 비인격화시킨다. 이처럼 짐멜의 돈에 대한 사유는 다소 음울하지만 그것이 낳은 긍정적 효과에 대해서도 성찰한다. 돈은 개인의 능동성과 독립성을 훼손하기도 하지만 돈을 통해 개인의 잠재적 선택의 자유도를 높이기도 한다는 것이다. 또한 가치를 균질화하는 화폐는 평등 사회를 장려하고 봉건주의의 폐해를 줄이기도 했다. 돈은 갈등을 불러 일으키는 참여자이면서 동시에 개인들 사이의 갈등을 초월해 있는 매개물이다. 이처럼 짐멜은 '돈'이라는 작은 구멍을 통해 끊임없이 상호작용하고 있는 사회적 관계를 총체적으로 해명하려는 문화철학적 관점을 보여주고 있다. 경제와 문화, 역사와 인간, 객체와 주체, 개인과 사회, 표면와 심층 사이는 서로 영향을 주고받으며 변용하고 있다는 점이 파노라마처럼 전개될 때 독자들은 그것에 압도당하지 말고, 오히려 그런 방식의 입체적 사유와 변증법적 인식을 모방하고 습득할 필요가 있다.

『게으름에 대한 찬양』
버트런드 러셀, 송은경 옮김, 사회평론, 2005

버트런드 러셀(Bertrand Russell, 1872~1970)은 20세기 최고의
철학자 중 한 명이다. 그는 분석철학과 수리철학의 창시 같은
학문적 업적뿐만 아니라 근대 사회 전반에 대해 선지자처럼
남긴 실천적 활동으로도 후대에 많은 영향을 주고 있다. 그래
서 그는 수학자, 논리학자, 노벨문학상을 받은 문필가로서의
활동보다 대중에게는 반전 및 반핵을 주장한 평화운동가, 공산
주의와 파시즘을 평화의 적으로 간주하는 사회주의자로서 호
소력 짙은 글을 남겼다. 또한 도발적이고 감각적인 제목의 책
으로 21세기의 독자들의 호기심을 자극한다. 예를 들면, 『왜
사람들은 싸우는가?』(1916) 『자유로 가는 길』(1918) 『상대성 이
론의 모든 것』(1925) 『나는 왜 기독교인이 아닌가』(1927) 『결혼
과 도덕』(1929) 『행복의 획득』(1930) 『인기 없는 에세이』(1950)

같은 저서다. 『게으름에 대한 찬양(*In Praise of Idleness*)』(1935)도 그렇게 대중 독자들을 염두에 두고 나온 사회 비평집으로 여러 주제에 걸친 수필 형식의 글을 모은 것이기 때문에 '왜 게으름을 찬양하는가'는 이 책이 던지고 있는 한 물음에 불과하다.

베버가 근대 자본주의 정신의 원류로 분석한 개신교의 직업 윤리, 즉 근면한 노동에 대한 강조와 정면 배치되기 때문에 이 책을 추천하는 것이 아니다. '게으름에 대한 찬양'은 그 자체로 주장이 아니라 오히려 자본주의 사회에 나타난 노동으로부터의 인간 소외를 질타하는 역설적 표현이기 때문이다. 베버와 동시대를 살았던 러셀은 그와는 전혀 다른 시각과 태도로 불관용성과 잔인함 같은 서구 기독교 문명이 근대 사회에 남긴 유산을 비판적으로 응시하고 있다. 근대 산업사회는 자본주의의 성취이자 물질적 동력으로 인류 문명에 합리적 가치의 확산과 일상의 편리함을 선사했지만, 과연 그것이 인간의 진정한 자유와 주체성을 키우는 데 기여했는가에 대해서는 통렬한 비판을 가한다. 또한 러셀은 그런 여파로 인해 당대의 청년들이 종교, 진보, 아름다움, 진리 등 보편적 가치에 대해 왜 냉소적 시선을 갖게 되었는가에 대한 의견을 피력하고 있다.

그는 현대인들의 심리적 불안과 위축에 대한 처방으로서 차라리 행복하게 살기 위해 게을러지자고 주문한다. 자신의 무능력과 게으름으로 인해 잘나가는 사람들보다 불행하다며 움츠러드는 이들에게 그는 그 사고의 틀 자체를 해체하라고 조언하는 것이다. 러셀은 인간이 누리는 자유는 물질적 부나 사회적 인정을 통해서가 아니라, 자기 자신을 옭아매고 있는 여러 편견과 회의감에 저항함으로써 스스로 쟁취하고 향유할 수 있는 것이라고 주장한다. 그래서 그는 경쟁에서 승리하기 위해 '열심히 일해야 한다'는 내면의 압박감을 내려놓고 더 가혹하게 자신을 몰아세우면서도 불안감을 조장하는 사회적 통념에 흔들리지 말자고 말한다. 무려 90여 년 전에 나온 이런 제안을 하는 이 책은 근대 자본주의 사회에서는 노동이 아니라 오히려 여가가 필요하다고 말한다.

그런데 '쉬는 것'은 말처럼 쉽지 않다. 어릴 때부터 온전히 쉰다는 것이 무엇인지 경험하거나 배워본 적이 거의 없기도 하지만, 소득 수준을 막론하고 대부분의 사람들에게 노동 시간의 결여는 생존이나 현재 지위의 유지 문제와 직결되기 때문이다. 노동 시간이나 임금 수준이 출산율 급감의 원인으로 지적되고 있음에도 불구하고 최근 통계 자료를 보면 한국은 OECD(경제협력개발기구) 31개국 중 연간 노동 시간 최상위권에 머무르고 있다. 사실 이 책을 읽는 독자들 중 청교도적 신앙심에 동질감을 느끼며 내세에서 구원받기 위해 세속의 성실하고 금욕적인 삶을 다짐하는 사람들은 소수에 불과할 것이다. '돈에 대한 숭배'로 인생을 살아가는 사람이 아니라면, 자기 자신의 노동과 직업 그리고 축적한 재산으로부터 소외당하지 않고 삶의 주체성을 확립하기 위해 우리는 어떤 길을 하루하루 걸어가야 할까? 이미 약삭빠르게 계산하며 사는 데 익숙하고 자신의 이해관계에 철저한 21세기 한국 사회의 젊은이들이 마음의 평화를 얻어 자기만의 자유로운 삶을 살기 위해 필요한 조언은 '더 열심히 일하고 더 빨리 달려라', '혹독하게 노력하여 성공해라' 같은 흔해 빠진 자기계발의 '채찍질'이 아니라면, 오래된 예언 같은 이 책은 무엇을 말하는 것일까? 궁금한 독자들은 베버의 책처럼 이 책도 비판적으로 읽어보길 추천한다.

끝으로 이 책에서 '금욕주의에 대하여'라는 소제목이 눈에 띈다. 자기는 하지 않으면서 남에게만 강요하는, 특히 노동자들에게 초과노동을 강요하는 노예를 만드는 도덕 규범에 대해 러셀은 '우매한 금욕주의'라고 부른다. 그리고 그는 시시때때로 엄습하는 삶의 고통에 맞서기 위해 공포감에 맞서는 무심한 금욕주의를 교육해야 한다고 주장한다. 베버를 통해 근대 자본주의의 출발점에 대한 종교적 분석을 볼 수 있었다면, 러셀을 통해 우리는 근대 자본주의의 그늘과 이면을 투시하기 위해 무게 중심을 잡으려 애쓰며 삐딱하게 서야 한다.

다섯 번째 이정표

『인간의 조건』
한나 아렌트, 이진우 옮김, 한길사, 2019

한나 아렌트는 젊은 시절 마르틴 하이데거 문하에서 철학을 전공한 독일 출신의 유대인 정치이론가로서 나치의 박해를 피해 미국으로 망명했다. 그녀는 1950년대 이후 당대의 역사적 정치 현상에 대해 날카롭고 심도 깊이 비평하며 공화주의적 정치사상을 현대적으로 재해석한 저작들을 출간했다. 아렌트는 철저히 복수(複數)의 인간, 즉 서로 다른 차이를 가지고 상호작용하는 집합적 인간이라는 존재적 특성을 중심에 놓고 정치를 사유했다. 인간은 단수(單數)로 존재하지 않는다는 말은 개미나 꿀벌처럼 단지 군집 생활을 한다는 의미가 아니기 때문이다. 1958년 출간된 『인간의 조건(The Human Condition)』은 아렌트가 자신의 다른 책들을 읽기 위한 '서문'의 역할을 부여했을 만큼 주저로 꼽힌다. 이 책은 인간의 자연적이며 궁극적인 활동을 개념적으로 구분하여 정치의 필연성과 가능성에 대해 사유했다는 점에서 『프로테스탄트 윤리와 자본주의 정신』에 나타난 개신교의 직업 노동에 대한 분석과 비교하며 읽어볼 수 있다. 전체주의 사회의 인간 탄압, 참혹한 세계 전쟁, 홀로코스트의 악몽, 핵폭탄의 위력, 냉전의 시작 등 20세기 중반의 세계 정치사를 통과하며 아렌트는 '인간의 조건'을 근본적으로 재조명하자고 제안한다.

그녀는 먼저 인간의 삶의 양태를 '활동적 삶(vita activa)'과 '관조적 삶(vita contemplativa)'으로 대비시키고, 그 둘의 비교를 통해 전자의 가치와 중요성이 왜 근대 사회에서 희박해졌는지를 성찰하고 있다. 고대 그리스 철학자들은 지혜로운 현자들의 '관조적 삶'을 더 중시했지만 근대의 마르크스는 그것을 반대로 생각했는데, 아렌트의 의도는 그 두 가지 중에서 우열을 가르자는 것이 아니었다. 또한 아렌트는 다양한 인간 군상들 사이에서 자유를 추구할 수 있으며 말과 행위로 각자가 구별될 수 있는 공적 영역과 개인의 사적 영역을 구분하는 것이 필요하다고 강조했다.

이어서 아렌트는 인간의 활동적 삶을 다시 세 가지, 즉 노동(labor), 작업(work), 행위(action)로 구분하고 그 개념적 변천을 분석했다. 앞의 두 가지 활동은 사적 영역에서 행해지는 것인데, 먼저 노동은 인간의 생존과 생물학적 욕구를 충족시키기 위한 필수적인 활동으로 결코 완전히 충족되지 않기 때문에 시작과 끝이 따로 없이 반복적으로 수행된다. 반면에 일이나 작업은 자신의 흥미에 따라 재능을 발휘하여 과정의 재미와 일정한 명예를 바라며 수행하는 제작 활동이다. 그래서 노동과 달리 자기만족을 수반하는 작업은 모든 과정을 스스로 통제하기 때문에 시작과 끝을 자율적으로 결정할 수 있다. 즉 아렌트는 생존을 위해 필요한 '노동'과 유용한 재화나 사물을 생산하기 위한 '작업'을 분리하고 있다.

한편, 이 둘과 질적으로 다른 행위는 개인적 욕망에 따른 필수적 활동이 아니라 공동체나 집단 안에서 자신의 의견을 표출하고 특정한 목적을 갖고 참여하는 정치적 활동을 말한다. 공적 영역에서 공공적 가치를 구현하는 정치 행위는 인간적 삶의 가치를 드러내는 가장 중요한 지위를 갖는 실천(praxis)이다. 아렌트는 인간의 진정한 자유에 대해 자신의 탁월함을 만들어 가는 정치 행위를 통해 누릴 수 있는 것이라고 주장했다. 노동과 작업은 서로의 차이나 개성을 요구하지 않지만, 인간은 오직 정치 행위를 통해서만 이 지상에서의 유한한 삶을 보다 나은 것으로 만들기 위해 타인들과 연대하여 함께 '새로운 시작'을 모색할 수 있기 때문이다. 반면에 노동과 작업은 서로의 차이를 본질적으로 요구하지 않는 활동이다.

베버와 아렌트 모두 합리적으로 구현되는 자유의 조건을 역사적 무대에서 일어나는 정치 활동의 관계 안에서 사유하려 했다는 점에서 그들의 공통된 문제의식을 찾을 수 있다. 그리고 더 직접적으로는 둘 모두 근대 사회의 문화적 위기가 '세계의 의미 상실'로 모아진다고 보았다는 점에서 찾을 수 있다. 물론 둘은 학문적으로 교류할 수 없는 시대적 간극을 갖고 있었고, 아렌트에게 베버를 읽어보라고 권유했던 카를 야스퍼스의 서신을 통해 불명확한 영향 관계를 짐작해볼 뿐이다. 그런데 이 둘의 대응 방식이나 탐구 과정은 너무 다르다는 점에서 베버와 아렌트의 입장 차이를 비교하여 읽을 가치가 있다. 물론 그 서로 다른 모색은 노동·종교·자본주의 같은 개념적 차이뿐만 아니라 정치·국가·권력에 대한 이해방식 같은 정치철학적 견해에서도 극명하게 양자가 다르기 때문에 발생했다.

『21세기 자본』
토마 피케티, 장경덕 옮김, 글항아리, 2014

　야심찬 제목처럼 2013년 출간된 이후 세계적인 반향을 얻은 프랑스 경제학자 토마 피케티(Thomas Piketty, 1971~)의 저서이다. 그는 신자유주의와 금융자본주의가 지배적인 구조가 되면서 21세기의 자본 운동이 드러내는 특징은 경제성장률보다 훨씬 더 높은 자산수익률이라고 지적한다. 즉 세습되는 부를 특징으로 갖는 오늘날의 자본주의는 소득의 극심한 불평등을 필연적으로 양산한다는 것이다. 이것은 결과적으로 양극화 문제가 앞으로 점점 더 심화될 것이라는 전망, 즉 현재의 구조가 유지된다면 자본주의의 지속 가능한 발전이 불가능하다는 입장과 연결된다. 물론 자본주의에 대한 이런 경제학적인 관점의 거시적 조망이나 비판적 분석은 베버의 문제의식과는 거리가 멀겠지만, 주장의 합리성을 증명하려는 논증을 통해 근대 자본주의의 한 역사적 특징을 전향적으로 인식하려는 시도라는 점에서는 그 맥이 맞닿아 있다고 볼 수 있다. 또한 베버처럼 피케티의 주장도 많은 찬사와 논쟁을 불러일으키며 현대 자본주의의 미래에 대한 생산적·합리적 담론을 이끌어냈다는 점에서도 유사성을 찾을 수 있다.

피케티는 이 책에서 지난 2백여 년 동안 세계의 부와 소득의 불평등이 어떻게 변천해왔는지를 매우 구체적인 자료를 들어 상세히 분석했다. 그래서 이 책에는 마르크스주의의 세례를 받은 가치판단이 앞서는 것 아니냐는 의심이 들어설 여지가 없다. 그는 자본주의에 대한 우리의 기대 혹은 맹신, 즉 자유로운 시장에 기초한 세계 자본주의는 늘어난 이윤을 평범한 대부분의 사람들에게 결국 분배하는 경향으로 발전할 것이며, 그것이 개인의 자유와 재산권을 더욱 보장하리라는 견해가 설득력이 없다고 주장한다. 시장이 자율적으로 분배하지 못한다면 국가나 정부가 그 역할을 민주적 절차를 통해 감당해야 하지만, 자유시장을 신봉하며 그것에 기생하는 정치 권력을 통제하는 자본주의 사회에서는 극소수의 세습 부자들이 지배하는 체제가 실현된다는 것이다. 피케티가 이런 자본주의의 대안으로 제시하는 것은 누진세의 강화와 국제적 부유세 도입이다. 디지털 경제 사회의 전면화와 플랫폼 산업의 새로운 독점 구조에서 보듯이, 상위 1퍼센트의 부자가 99퍼센트의 부를 소유하는 '1:99의 사회'는 이제 미래 디스토피아 사회를 상상하는 SF 영화의 기우(杞憂)가 아니라 눈앞에 보이는 현실이기 때문이다.

베버의 관심은 경제적 불평등과는 거리가 멀었지만, 성실한 노동과 금욕주의에서 출발한 합리주의를 지향하는 문화적 원동력, 즉 '근대 자본주의 정신'이 흔적도 없이 사라진 후의 자본주의 사회는 어떻게 변화하고 있을까? 그가 『프로테스탄트 윤리와 자본주의 정신』의 후반부에서 우려했듯이, 투기 스포츠로 변질된 자본주의는 결국 대물림되는 구조적 불평등을 방치할 수밖에 없다. '돈 넣고 더 많은 돈 먹기' 게임은 아무리 합법적 장치로 포장하더라도 자본은 자신의 탐욕을 스스로 진정시킬 수 없기 때문이다. 피케티는 이런 점에서 근대 자본주의의 불평등은 우연적 현상이 아니라 그 자체의 내재적 특징이라고 강조한다.

이미 여러 통계 자료가 보여주듯이, 대기업과 고소득층 같은 소득 선도 영역의 이윤이 늘어나면 그 성과가 연관 산업으로 확산하여 낙후된 저개발 영역으로 유입된다는 낙수효과(落水效果, trickle-down effect)가 현실에 존재하지 않지만 가난한 사람들은 여전히 재벌의 안위를 걱정하느라 여념이 없다. 시장만능주의와 세습되는 부에 잠식당한 민주주의는 시민의 삶의 질을 향상시키는 정치에는 본질적인 관심을 두지 않고 절차적 정당성만을 따지는 타협 과정으로 전락하고 있다. 그래서 『21세기 자본』은 이런 자본주의를 바꾸지 않으면 근대 문명의 또 다른 열매인 민주적 질서가 위협받을 것이라고 경고한다. 지금보다 기술이 발전하면 생산성이 폭발적으로 늘어나고 저절로 분배가 일어날 것이라는 순진한 낙관론을 거부한다. 그런데 베버와 피케티 그리고 마르크스가 만나는 지점이 바로 여기, 자본의 지배에 저항하는 민주적 질서의 합리성에 있다. 평등주의와 사회적 연대를 지향하는 민주주의를 토대에 두고 합리적 행위자들이 노동하고 관리하는 풍요로운 경제 활동의 지속 가능성, 즉 정의롭고 합리적인 질서의 실현 가능성은 여전히 우리 시대 대다수 사람들이 함께 꾸는 꿈이다. 베버는 이 책에서 민주주의에 대해 단 한 번 언급했다.

> 금욕주의는 그 순수한 형태에서 항상 '권위에 적대적'이다. (……) 그러나 가톨릭 금욕주의는 교회의 지배 권력에 대한 문제를 복종 서약을 통해 복종 자체를 금욕적으로 해석함으로써 권위에 대한 적대감을 깨뜨려버렸다. 이러한 원리가 프로테스탄트의 금욕주의에 의해 '전복된 것'은 청교도의 영향을 받은 국민들이 오늘날까지 민주주의적 특성을 갖게 된 역

사적 토대인데, 이런 민주주의는 '라틴적 정신'에서 발원하는 민주주의와 구별된다.(2부 1장 주석 179)

생애 연보

1864년 4월 21일 독일 튀링겐주 에어푸르트에서 8남매 중 장남
으로 태어나 아버지의 이름을 그대로 이어받다.

1869년 가족 전체가 베를린으로 이주하다.

1872년 샤를로텐부르크로 이사했고 엘리트 공립학교인 왕립 아
우구스타 황후 김나지움에 입학하다.

1882년 하이델베르크대학교에서 법학, 경제학, 철학, 역사 등을
배우다.

1883년 군 복무를 하는 동안 슈트라스부르크대학교 역사학 교수
였던 이모부의 강의를 청강하며 자유주의 사상의 영향을
받다.

1884년 제대 후 베를린대학교에서 수학하다.

1889년 베를린대학교에서 「이탈리아 도시의 가업 공동체와 산
업 공동체에서 형성된 합명회사의 연대책임 원리와 특별
재산의 발달」이라는 논문을 제출하며 법학박사 학위를
받다.

1891년 교수 자격 취득 논문으로 「공법과 사법의 관점에서 본
로마 농업사」를 출간하고 베를린대학교에서 강사로 법
학을 강의하다.

1893년 마리안네 슈니트거와 결혼하다.

1894년 프라이부르크대학교 경제학 교수로 부임하다. 「거래소」
를 발표하다.

1897년 하이델베르크대학교 경제학 교수로 부임하다. 아버지와
큰 갈등을 빚은 후, 한 달도 되지 않아 아버지가 별세하다.

1898년 신경정신과적인 지병을 얻게 되어 투병 생활을 시작하다.

1899년 교수직을 사직하고 여행과 독서로 요양하다.

1903년 「로셔와 크니스 그리고 역사학파 경제학의 논리적 문제
들」을 발표하다. 『프로테스탄트 윤리와 자본주의 정신』
으로 묶이는 두 편의 논문 집필을 시작하다.

1904년 강연과 자료 수집을 위해 8월에 미국을 방문하여 4개월
동안 여행하며 미국 사회의 특성과 자본주의를 체험하
다. 11월에 공동편집인을 맡게 된 학술지《사회과학 및
사회정책 논총》제20호에 『프로테스탄트 윤리와 자본주
의 정신』 제1부에 해당하는 원고를 발표하다.

1905년 러시아에서 일어난 혁명에 자극받아 러시아어를 배우며
연구하다. 6월에 『프로테스탄트 윤리와 자본주의 정신』 제
2부에 해당하는 원고를 같은 학술지 제21호에 발표하다.

1906년 「러시아에서 시민 계급의 민주주의 상황에 대하여」,「러
시아의 유사 입헌정으로의 이행」이라는 두 편의 논문을
발표하다. 이어 논문 「교회와 분파」,「북미의 '교회들'과
'분파들': 교회정치적 및 사회정치적 소묘」를 발표하다.

1908년 『고대 문명들의 농업사회학』을 출간하다.

1915년 종교사회학 연구를 중점적으로 진행하다.

1916년 「중국의 종교와 인도의 종교」를 발표하다.

1917년 「고대 유대교」를 발표하다.

1918년 빈대학교에서 '유물론적 역사관에 대한 실증적 비판'과 '국가사회학'이라는 과목명으로 19년 만에 강의를 재개하다.

1919년 세계 종교의 경제 윤리에 관한 논문들을 보완하고 정리하여 세 권으로 구성된 『종교사회학논총』으로 간행하다. 여기에 1906년 북미 교회에 관한 연구로 발표했던 논문을 「프로테스탄트 분파들과 자본주의 정신」으로 변경하여 수록하다.

1920년 6월 14일 뮌헨에서 56세의 나이로 사망하여 하이델베르크에 안장되다.

참고 문헌

Max Weber, *Die protestantische Ethik und der 'Geist' des Kapitalismus*, Hofenberg, 2016.

Max Weber, *From Max Weber: Essays in Sociology*, Routledge, 2009.

Max Weber, *The Protestant Ethic and the Spirit of Capitalism*, Talcott Parsons trans., Dover Pubns, 2003.

막스 베버, 『프로테스탄티즘의 윤리와 자본주의 정신』, 박문재 옮김, 현대지성, 2018.

막스 베버, 『프로테스탄트 윤리와 자본주의 정신』, 박성수 옮김, 문예출판사, 2023.

막스 베버, 『프로테스탄티즘의 윤리와 자본주의 정신』, 김덕영 옮김, 길, 2010.

김덕영, 『막스 베버: 통합과학적 인식의 패러다임을 찾아서』, 길, 2012.

노명우, 『프로테스탄트 윤리와 자본주의 정신, 노동의 이유를 묻다』, 사계절, 2008.

마리안네 베버, 『막스 베버: 세기의 전환기를 이끈 위대한 사상가』, 조기준 옮김, 소이연, 2010.

윤원근, 『마르크스 vs 베버』, 세창출판사, 2021.

콜린 캠벨, 『낭만주의 윤리와 근대 소비주의 정신』, 박형신·정헌주 옮김, 나남, 2010.

폴 틸리히, 『19~20세기 프로테스탄트 사상사』, 칼 브라텐 엮음, 송기득 옮김, 대한기독교서회, 2004.

EBS [오늘 읽는 클래식]
베버의 프로테스탄트 윤리와 자본주의 정신

1판 1쇄 발행 2023년 12월 30일

지은이 조배준

펴낸이 김유열
편성센터장 김광호 | 지식콘텐츠부장 오정호
단행본출판팀|기획 장효순, 최재진, 서정희 | 마케팅 최은영 | 제작 정봉식
북매니저 윤정아, 이민애, 정지현, 경영선

책임편집 장윤호 | 디자인 정계수 | 일러스트 최광렬 | 인쇄 애드그린인쇄

펴낸곳 한국교육방송공사(EBS)
출판신고 2001년 1월 8일 제2017-000193호
주소 경기도 고양시 일산동구 한류월드로 281
대표전화 1588-1580 | 홈페이지 www.ebs.co.kr
이메일 ebsbooks@ebs.co.kr

ISBN 978-89-547-8268-5 04100
    978-89-547-6188-8 (세트)

ⓒ 2023, 조배준